김문욱 철학논집

金文郁 哲學論集

김문욱

철학논집

수학박사 김문욱 지음

다산글방

머리말

이 개정판은 1987년과 2013년에 출판한 나의 철학논문집에 새로운 '신대동사회론'을 첨부한 책자이다. 대동사회개념은 중국 송 시대의 주자와 이조시대의 문정공 조광조로부터 발생했으나 그 구체적인 내용은 어디서도 찾을 수가 없다. 그러나 성리학 유교사상이 그 바탕인 것은 분명하다.

우리 세대가 60여 년 전 폐허에서 시작하여 오늘날 서양 선진국들을 넘어서는 시점에 올 수 있었던 큰 이유는 우리의 유교전통 사회체제 때문인 것이다.

끝으로 나는 '신대동사회론'이 서양철학의 시조 Plato가 꿈꾸던 이상향 유토피아(UTOPIA)의 가장 좋은 본보기라고 자부한다. 그래서 이보다 더 좋은 사회체제를 누군가 설계할 수 있다면 알려주기 바란다.

2021년 3월
저자

서론

저자는 이 논문집을 발표함으로써 L. Wittgenstein의 말을 인용한다면 '내 머리 병 속에 오래 들어있던 파리'를 밖으로 날려보냈다. 이 글을 읽는 독자들은 저자처럼 철학의 극치의 환희를 체험해 보시기 바란다.

제1부 인생론인 「人과 情(인과 정)」은 첫 발표이므로 독자들의 반응을 기대한다.

제2부 「衆生公營論(중생공영론)」과 제3부 「空哲學小考(공철학소고)」는 이미 오래 전에 발표되어 중국과 일본 또한 대한민국에 있는 여러 학자들로부터 편지 교환을 요청받고 있다.

끝으로, 이 논문집은 세계화 시대의 INFO 혼란으로 정신적으로 우왕좌왕하는 후학들을 위해서 발표한다는 것을 강조하고 싶다.

2013년 봄

저자

차례

제 **1** 부

인(人)과 정(情)

[인생론]

머리말

사람은 자의에 의해서 태어나는 것이 아니지만 그가 속한 사회로부터 그의 삶에 대한 책임을 지도록 강요당한다. 반면, 사람은 누구나 가장 행복한 인생을 원하고 그 누구보다 자기 자신을 만족시켜야 행복할 수 있다.

즉, 인생 문제는 각자의 타고난 여러 가지 조건하에서 최대 행복의 길을 찾는 최선의 선택(Optimization) 문제이다.

「人 과 情」은 그 선택 문제에 대한 최선의 답을 열거한다.

끝으로 여기에 쓰인 한자(漢字)의 독특한 의미에 주의하시기를 바란다.

저자
2005-2009
Great Windsor Park
England

차례

1. 人이란?

1) 體(체) [몸]
현대 우주물리학설에 의하면 약 140억 년의 대폭발(Big Bang)에서 시작된 時空(시공)의 팽창은 약 50억년 경에 이르러 누적된 흑물질(Dark Matter)의 영향으로 더 가속되기 시작했다.

그리고 태초에 생겨난 수소(H)와 헬륨(He) 원자들은 Supernova라는 핵용광로들에 의해서 더 복잡한 원자들로 창조되었고 그들의 소폭발에 의해서 우주에 널리 퍼졌고, 원자진화-화학진화-생물진화 과정을 거쳐서 人體인체의 물질적 재료가 되었다. 즉 人의 몸은 태곳적 별 가루로 구성되어 있는 것이다.

2) 人體(인체)는 단세포(Single Cell)로 시작되어 DNA Genome의 지시에 따라 스스로의 세포분열에 의해 약 10^{13} (10 Trillion)의 세포들로 형성된다. 고무풍선이 수억만 개의 크기가 되는 것과 같은 신비한 과정이다.

3) 또 다른 신기한 것은 人의 몸속에는 몸 세포수보다 10배가 넘는 박테리아가 기생한다는 것이고 이들 없이 人이 살 수 없는 것, 즉 몸 자체가 여러 가지 生物(생물)의 공동체제라는 것이다.

4) 지구상의 모든 생물은 아미노산 분자들로 구성되어 있고 그 기본 단위가 좌측 DNA라는 것이다. 이것은 모든 생물의 근원이 동일하다는 증명이다.

5) 人의 뇌는 신비한 기구로서 人體(인체)의 10분의 1이 되는 약 10^{12} 세포들로 구성되고 약 10^7의 뉴론을 포함하는데, 신경연결수(Neural Connection)은 대개 10,000,00!이나 되는 어마어마한 숫자이다.

또 人體(인체)보다 약 10^{70}배가 큰 우주 전체를 추상적으로 그 안에 담을 수 있는 신기이다.

최근 NYU(뉴욕대학) 연구팀의 기억에 관한 분자적 구조설계의 보고에 의하면 MARK와 PKA 분자들의 시공적 신경 상호작용과 이동이 기억(Memory)을 형성한다. 중요한 점은 문화적 유산은 Gene에 기록되는 것이 아니고 뇌에 저장된다는 것이다.

이같이 자연산인 人의 뇌는 뇌를 포함한 자연 전체를 탐구할 수 있는 실로 묘한 신기이다.

2. 人生이란?

[예 1] 人生은 春夢(춘몽)

李白(이백; 중국 시인) 秋浦歌(추포가)

白髮三千丈(백발삼천장)	깊고 길어 삼천 장 흰 머리칼은
緣愁似箇長(연수사개장)	근심으로 올올이 길어졌구나
不知明鏡裡(부지명경리)	알 수 없네 거울 속 저 늙은이는
何處得秋霜(하처득추상)	어디에서 가을 서리 얻어왔는가

Johann Herder(독일 시인)

Ein traum, ein traum ist unser leben

Auf erden hier

Wie schatten auf den wogen schweben

Und schminden wir

Und messen unsre tragen tritte

Nach raum und zeit

Und sind(und eissen's nicht) in

Mitte der ewigkeit

저자 미상(프랑스 시인)

La vie est breve

Un peu despoir

Un peu de reve

Et puis, Bonsoir

[예 2] 人生은 감옥

이매창(조선시대 기녀시인)

조롱에 갇히워 돌아갈 길 끊기이니

곤륜산 어디메가 높은 봉 랑풍일까

정진산에 해 저무니 푸른 하늘 안 보이고

구씨산의 밝은 달밤도 꿈에서나 찾아보네

A. Camus

Le Mythe de Sisyphe

[예 3] 人生은 밭갈이

Voltaire

Il faut cultivier notre jardin

Thoreau(Walden pond)

We must compose our own character.

A. Camus(La Chute)

Apres un ceratin age, tout home
Est responsible de son visage.

1) 동양

1. 老子(노자) – 莊子(장자)의 仙道(선도)

導生萬物(도생만물)
無爲自然(무위자연)
도를 따르며 무위로 덕을 쌓아라.

자비롭고 단순하고 겸손한 三宝(삼보)의 人이 되어라.

以理和情(이리화정)

세상만사를 와오각축 지쟁처럼 여기며, 구만 리 상천을 나는 대붕이
거나 뱁새로 태어났거나 각자의 본성에 따라 자연과 더불어 조화하
며 大順(대순)하여 眞人(진인)이 되어라.

2. 孔子(공자)의 仁義禮智道(인의예지도)

知天命(지천명)하고 仁과 義의 人이 되어라.

人은 情의 존재다. 따라서 禮로서 情을 다스려야 한다.

己所不欲(기소불욕) 勿施於人(물시어인)

人能弘道(인능홍도) 非道弘人(비도홍인)

3. 仏(불)의 中道(중도)

緣起(연기)로 태어나는 人은 生老病死(생노병사) 과정을 지나는데 人情은
萬有의 無相(무상)에 부딪혀 苦(고)를 필수적으로 가져온다. 즉 人生은 苦고
海(고해)다.

고로 無明에서 벗어나 八正道(팔정도)를 행하며 적정, 증지, 등각과 궁극
적으로 열반의 경지에 들어 成仏(성불)하는 대승의 길을 택하라.

2) 서양

1. Aristoteles

서양 체계철학의 창시자인 아리스토텔레스는 仏(불)과 흡사하게 兩極(양극)을 피하는 중도를 윤리행동의 기준으로 택했고, 행복성취의 최선의 길(Eudaimonia)은 이성의 지덕을 쌓는 길, 즉 철학의 길이라 주장했다.

그는 Ethica Nocomachea에서 일반 人이 행복의 기준으로 삼는 쾌락, 명예, 부귀의 부당함을 분석하고, 人의 탁월성은 理性이므로 자유로운 지성적 활동이 진정한 행복이라 주장했다.

또한 그도 공자와 같이 인간의 윤리성을 향상할 수 있는 교육의 중요성을 강조했다.

2. D. Hume

Hume은 종교나 이성에 기초된 윤리 원칙을 부정하고 실천과 경험에 기초한 실험과학적 윤리관을 주장했다. A treatise of human nature에서는 「동정심」, The enquires concerning human understanding에서는 「자비심」을 초석으로 하고 정의로운 행동, 자비로운 행동의 일반적 유용성에 맞도록 윤리체계가 만들어져야 한다고 주장했다.

3. I. Kant

Kant는 서양철학사의 최고봉으로서 Grundlegung zur metaphysik

der sitten, kritik der praktischen vernunft, metaphysic der sitten 등에서 윤리의 형이상학적 기준으로 인간의 이성에 기초한 보편성, 자율성, 인간성을 내세웠고 윤리의 철칙으로 「너의 모든 윤리적 행동이 전 인류의 기준이 될 수 있도록 결정하라」는 강령(catagorical imperative)을 주장했다.

그는 아리스토텔레스의 「덕은 상반되는 두 악의 중간」이라는 중도사상과 달리 덕은 「의무를 수행하는 인간의 힘」이라 규정했다. 또한 인간의 최고 목적은 행복한 인생인데, 행복하려면 덕을 최고로 쌓으면서 행복한 삶이 되기를 바란다는 것이다.

끝으로 그의 윤리론이 인간의 이성적 의지의 자율성에 기로해 있다는 점에서 그리스 철학 이후 2천 년 동안이나 서양 정신세계를 지배해온 신의 명령에 기초한 윤리체계에서 벗어났다는 점이다. 이것을 Copernican 혁명이라 일컫는다. 칸트가 인류사에 남긴 가장 큰 공헌은 「타인을 수단의 도구로 다루면 안 된다」는 원칙이다.

4. A. Schopenhauer

서양사상 인생에 대해서 가장 고민한 철학자 중 하나인 근대 독일철학자 쇼펜하우어는 Die welt als wille und vorstellung에서 칸트의 인간이 알 수 없는 Noumena 영역은 Ding an sich가 아니고 인간의 무의식한 뜻(wille)의 영역이라 주장한다. 그는 인간을 이성의 존재가 아니라 거의 전부 감정과 욕망에 눌려 사는 뜻의 존재로 간주하고, 세상은 모든 생물이 본능인 생존의지로 서로 싸우는 것, 잡을 수 없는 수라장(bellum ommium)이라는 것이다.

때문에, 그 같은 소용돌이와 고통에서 벗어나려면 仏(불)의 해답처럼 금

욕생활을 해야 한다는 것이다.

또한 해결책의 하나로 음악 등 예술을 통해 욕망에서 오는 분쟁을 감소시키는 길이 있으나 이것은 일시적일 뿐 영원한 해결책은 금욕생활로 寂滅(적멸)에 들어가는 길이다.

5. A. Camus

까뮤는 종교의 테두리에서 벗어난 끝에 「존재의 우연성(무의미)」 문제를 숙고한 결과 주체적인 실존적 윤리관을 성립한다.

그는 「이방인」, 「시지프스 신화」, 「칼리굴라」 등에서 존재의 부조리에서 지작하여 「역병」, 「반항자」에서는 압박과 불의에 반항하는 부조리 영웅이 개인적인 차원에서 집단적인 연대의 영웅으로 발전되는 과정을 묘사했다.

즉, 부조리는 조리를 위한 반항을 일으키고 그 반항이 혁명으로 나타날 때 중용과 자비를 필요로 한다는 것이다.

인간은 동일한 인간성의 소유자이고, 그러므로 자비가 필요하다는 그의 결론은 仏(불)의 인본주의와 같은 것이 된다.

3. 사는 방식

1) 될 대로 살자

탐, 진, 치의 일생. 이것은 신기인 뇌의 소유자인 인간답게 사는 것이 아니고 야수처럼 본능에 의해 생존하는 것, 결코 인생이 아닌 것이다.

2) 적당히 살자

1. X신의 명령에 복종하며 그 명령에 적합하게 생활한다.
2. 仏(불)의 처방에 따라 탐, 진, 치를 피하고 보시, 지계하며 자비를 베푸는 적당한 중도의 길을 택한다.

3) 나답게 살자.

공자의 지천명을 일찍 깨달아 일생의 목적을 세우고, 人은 情이니 장자의 以理和情(이리화정)을 나침반으로 삼고, 弘益人間(홍익인간)이란 Categorical Imperative 밑에 내가 나를 宇宙我(우주아)로 만들어가는 실존의 길을 걸어라.

세계화 시대인 현대에 사는 사람으로서 어느 체제나 종교에 국한되어 서로 끝없이 분쟁하며 사는 것을 초월하여 내가 나를 책임지고 私益人間의 人으로 만들어가는 길이다.

4. 人은 情

人은 罔(망)의 緣起(연기)로 태어나는 생기로서 모든 氣(Energy)가 그렇듯 空(공)에서 왔다 空으로 돌아간다. 人의 DNA 쌍 Helix는 그의 운명의 잠정적 설계도이고, 그의 일생은 情의 유한한 유희인데 無相(무상)에 부딪혀 필연적으로 苦(고)가 된다.

苦를 소멸하는 길은 장자와 같이 以理和情으로 비극을 희극으로 전환시키는 길, 쇼펜하우어처럼 예술에 침몰하여 Platonic idea를 추구하며 苦를 망각하는 길. 까뮤처럼 義를 위한 투쟁에서 타인들과의 유대에서 오는 동지애와 우정으로 苦를 함께 극복하는 길. 그중 최선의 길은 아리스토텔레스의 방법처럼 신기인 뇌를 써서 우주의 신비를 탐구하며 삼매의 경지에 들어가는 길이다.

苦가 소멸된 정신상태를 열반(Nirvana)이라 일컫는다. 열반은 仏徒(불도)들의 궁극적 목표인데, 열반의 경지는 누구에게나 최대한 행복의 경지일 것이다.

제**2**부

衆生公營論
(중생공영론)

[사회론]

- SYSTEM 공학적 사회론 -

김문욱 박사

서론

자연에 순응해야 된다는 성숙한 동양의 전통사상[道敎, 佛敎]에 대조되게, 자연을 정복해야 된다는 서양의 과학만능사상은 비로소 20세기 후반기에 와서 원자공업, 석유화학공업 등에서 나오는 오물들의 축적으로 인한 지구생태체계의 시급한 위기를 초래하면서 그 우매성이 드러나기 시작하였다.

또 세계2차대전 이후부터 시작된 미·소의 양립으로 인한 원자전의 위기는 극소수 무리의 이익추구 때문에 지구상에 존재하는 전 인류, 전 생물, 즉 중생의 생존문제를 풍전등화와 같은 위기에 몰아넣었다.

저자는 지난 10여 년 동안 SHU 대학원에서 OPERATIONS RESEARCH(SYSTEM 공학, 경영과학)를 강의해 오면서 현재 전 인류가 당면한 이와 같은 시급한 위기들은 재래식 정경체계하에서는 해결이 불가능하다는 것과, 그 해결책으로는 불교의 恒順衆生(항순중생)사상을 원칙으로 하고, 방법으로는 재래식 정경체계를 초월한 대국적인 SYSTEM 공학적 방법밖에는 없다는 것을 확신하게 되었다. 그래서 항순중생사상을 SYSTEM 공학적 사회론으로 전개한 결과가 이 책자이다.

제1장의 대부분은 이미 1987년 여름에 뉴욕 원각사 주최 「청년하기수련회」에서 학습재료로 사용되었고, 제2장은 1975-1976년 저자가 독일의

Bonn 대학에서 수리경제를 연구할 때 대체적으로 얻은 결론이라는 것을 명기한다.

끝으로, 저자는 「중생공영론」이 분단된 조국의 평화통일에 필요한 지침서가 될 수 있는 가능성을 지적하고 싶다.

1988년 여름

저자

MILLBURN PUBLIC LIBRARY

MILLBURN, NJ

차례

제1장

생태체계(ECOLOGY)와
恒順衆生願(항순중생원)

1. 근본문제

「子正 6分 前」
Bulletin of Atomic
Scientist(1988. 2월호)

인류는 20세기 후반기에 들어서면서 여러 가지 매우 난해한 대국적인 문제에 부딪치게 되었다. 지구상의 제한된 자연조건하에서 매해 급증하는 세계 총인구수는 이미 50억을 돌파하였고, 수백 개의 원자로에서 끊임없이 계속 배출되는 Plutonium, Tritium과 같은 독성핵물질과 그로 만든 집단살인 핵무기들의 범람으로 인한 문제, 또 농화학 약품의 남용으로 인한 토질변화, 식수오염, 특히 화공업에서 나오는 각종 산업오물의 환경 오염문제 등은 이미 수영할 수 없는 근해 바닷물과 물고기가 살 수 없는 호수, 죽어가는 산림지대, 열대 우림지대 등등[1] 전 인류와 전 생물, 즉 지구상에 존재하는 일체중생의 생존에 심각한 위기를 초래하였다. 이곳에서 그중 가장 심각한 문제를 몇 개 열거해 보면 다음과 같다.[2]

1) 인구문제

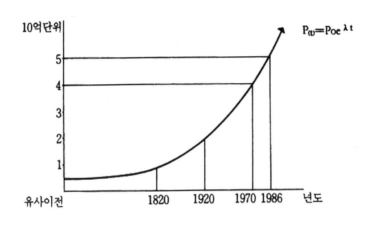

[세계 총 인구수]

   지구의 연수가 약 45억년이라고 하는데, 인간이 지구상에 나타난 후 수십만 년에 해당하는 세월이 흘러서 서기 1825년경에야 세계총인구수가 약 10억이 되었다 한다. 그 후 총인구수가 두 배로 늘어날 때까지는 겨우 100년이 걸려서 서기 1925년경에 20억이 되었고, 또 그 두 배인 40억이 되기까지는 불과 50년밖에 안 걸렸다. 1986년에 이미 세계총인구수는 50억을 넘어섰다.

   이와 같이 급증하는 세계총인구수는 지수함수 $P(t)=Poe^{\lambda t}$를 사용해서 Model을 만들 수 있는데 이 함수의 특징은 함수치가 두 곱으로 되는 시간이 점점 더 급히 짧아진다는 것이다.

제3세계의 출생률이 매년 3.5%인데 이 비율로 증가하면 20년 안으로 인구가 2배로 늘고, 전 세계의 출생률은 매년 약 2%인데, 이 비율로 지속되면 약 100년 안으로 총인구수가 7.5배로 늘어나는 것이 된다. UN의 한 예측보고에 의하면 전 세계 출생률을 1.65%, 1985년 총인구수를 50억으로 하여 2075년에 총인구수가 250억이 된다는 것이다.[3]

지구상의 지하자원 및 모든 자연조건이 한정된 이상[4] 인류가 이와 같은 인구급증을 용납할 수 없다는 것은 명백한 이치일 것이다. 이것은 특정한 정경체계를 초월한 시급한 인류의 공동문제인 것이 누구에게도 분명할 것이다.

2) 에너지 문제

인구증가와 더불어 실생활에 필요한 양식과 동력의 소비량이 급증하는 것은 불가피한 사실이다. 따라서 수력을 제외한 모든 동력과 암모니아 비료의 근본인 석유가공산업(Ppetrochemical Industry)의 팽창은 필수적인 것이고, 그로 인한 각종 독성화학물질들의 환경오염과 그에 따른 오물 처리문제는 이미 지구상의 모든 중생의 생존에 위험을 가져오는 대규모적 문제가 되었다. 주위환경오염 중 가장 시급한 현상을 몇 개 열거하면 다음과 같다.

① 인공 화학물인 Chlorofluorocarbon으로 인한 오존(O₃)의 파괴

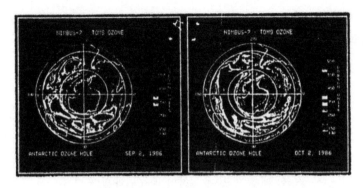

[남극에 나타난 점점 커져가는 오존막의 구멍]

최근 보고에 의하면[5] 태양의 유해한 자외선 방사를 막는 지구의 오존막에 구멍이 남극 부근에서 생겨나서 점점 더 커져가고 있고, 1985년에는 그 크기가 약 미국대륙만큼 되었다는 것이다.

오존막의 축소는 주로 냉동기에 쓰이는 CFC 가스에 기인한 것인데 다음과 같은 과정을 밟는다고 한다.

$$CL + O_3 \rightarrow CLO + O_2$$
$$CLO + CLO \rightarrow CL_2O_2$$
$$CL_2O_2 + 光 \rightarrow CL+ \begin{cases} CLO_2 \\ 또는 \\ OCLO \text{ [6]} \end{cases}$$

이와 같은 오존막의 상실은 피부암의 발생과 각종 식물, 동물에 큰 해를 가져오고, 특히 인간의 Immune System에 해를 끼칠 것이라고 한다.

② 공해오염

이미 누구나 잘 아는 바와 같이 수영이 불가능하게 오염된 근해와 독성 해산물의 산출은 자연이 인간에게 주는 경고라 할수 있다.[7]

③ 온실결과(Green House Effect)

매년 전 세계의 차량은 계속 급증하고 있는데 그와 정비례로 자동차 엔진, 화력발전소 등에서 나오는 탄산가스(CO_2)량은 계속 대폭적인 증가를 하고 있다. 최근의 한 예측 보고[8]에 의하면 1986년과 2075년 사이에 지구상의 인공적인 탄산가스 생산량이 2.5배로 늘 것이고, 그로 인해 나타나는 온실결과로 지구상의 평균온도가 5°F 내지 15°F로 상승할 것이라 한다.

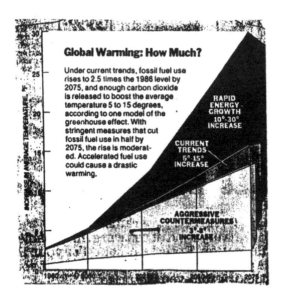

[지상 평균온도의 상승]

탄산가스의 집중은 대기의 상층에서 온실의 유리와 같이 지구의 열의 방사를 막아서 대기의 하층과 지상의 온도를 상승시키는 역할을 하는 것이다. 탄산가스 외에도, Nitrous Oxides 가스, CFC, Halons 등이 온실 역할을 하는데 지상온도의 상승으로 인하여 초래될 세계 곡창지대의 변화, 해양선의 상승[9], 이상기후의 결과는 상상이 필요하지 않을 것이다.

④ 플라스틱 쓰레기

Polystyrene, Polycinyl Chloride, Polyethylene과 같은 각종 플라스틱은 문화생활에 여러 가지로 편리한 산물이지만 동시에 그 성분이 만 년 가도 썩지 않고 변화하지도 않기 때문에 그 쓰레기 처리문제가 아주 난해한 것이다.[10]

World Watch Institute에 의하면 매년 미국에서만 2천만 톤 이상의 플라스틱이 생산되는데, 1990년도에 미국의 대도시들은 쓰레기장이 꽉 차서 큰일일 것이고 그 쓰레기의 약 10%가 플라스틱일 것이라고 한다.

또 매년 전 세계적으로는 5천2백만 톤의 플라스틱 포장물질과 3억 톤의 플라스틱 그물을 대양에다 내버려서 대양에 사는 물고기의 약 3분의 1이 뱃속에 플라스틱 조각이 들어있고, 수백만의 물새와 수십만의 고래, 물개 등이 죽어간다고 한다.

반면에 박테리아에 썩는 플라스틱은 생산비용이 4배 이상 들기 때문에 생산이 많이 안 되고 있고, 플라스틱 처리방법은 열로 태우는 것인데, 플스틱이 타면 Hydrochloric 같은 산성가스가 나오기 때문에 그 처리에 또 비용이 더 드는 것이다.

인류는 플라스틱 발명으로 인해 지구를 쓰레기통으로 만들었고, 온 지구상의 중생과 더불어 그 쓰레기장에서 영원히 살아야 될 운명을 자초하였다.

3) 원자전 위기

Bulletin of Atomic Scientists의 최근보고에 의하면 지구는 원자전의 발생으로 인한 최종순간으로부터 6분 전에 있다고 한다.[11] 또 MIT의 국제 안보 연구를 위한 과학공학 프로그램 모델[12]에 의하면 소련의 핵 저장량의 3%만이 미국공격에 사용되어도 미국은 영원한 암흑지대로 돌아갈 것이고 소련의 처지도 그와 마찬가지라고 한다.

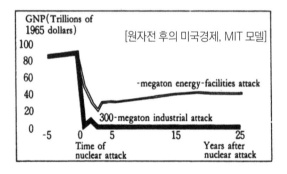

원자전으로 인한 Nuclear Winter에 관한 조사보고는 여러 가지 Model에 의한 것인데, 현재 Wilson Disc Database만 해도 108개나 된다. 그중 제일 권위 있는 보고는 1983년 국제과학조합원 소속 환경문제과학위원회(SCOPE)가 제의하여 30여 개국의 과학자 300여 명을 동원하고 2년에 걸쳐서 조사한 보고 Scope-Enuwar인데 1985년에 그 결과가 〈핵전

쟁의 환경에 미친 결과(Environmental Consequences of Nuclear War)〉 2권으로 출판된 것이다.

그 보고에 의하면 핵전쟁은 연기를 다량으로 발생케 하여 지구온도의 급격한 상승(섭씨 20도~25도)과 우량의 감소로 북미, 유럽, 북아시아, 중아시아 등의 여름온도가 0도 이하로 될 것이며, 그로 인한 곡창지대의 파손은 핵무기에 직접 죽지 않고 살아남은 생존자들의 기아사를 초래할 것이라는 것이다.

또 최근에 미국의 Lawrence Livermore 국립연구소, Los Alamos 국립연구소, 대기연구국립센터와 소련의 과학원 공동주최로 한 연구조사 결과에[13] 의하면 대폭적인 원자전은 지구상의 중생의 종말을 의미한다고 한다.

원자무기를 만드는 과정에서 나오는 핵 오염물질의 처리가 점점 난해한 문제로 커지고 있는데, 미국만 해도 20여 소에 위치한 약 280개의 핵무기 공장에서 나오는 산성인 오물액체는 저장탱크를 녹여 썩히고 나와 식수와 주위환경을 위태롭게 만들고 있는 지경이다.[14] 물론 각 지방마다 그러한 핵 오물저장소를 반대하여, 미국 정부는 큰 곤경에 빠져 있다.

누구나 알아야 할 핵 오염에 관한 중요한 사실들을 요약해 보면 다음과 같다.

1) 세계 강국들은 지구상의 모든 중생을 수백 번 죽일 수 있는 핵무기량을 보유하고 있다.

2) 각 1천 메가와트 원자로는 히로시마에 사용된 원자탄의 약 1,000개에 해당되는 핵물질을 포함하고 있다.

3) 각 원자로는 매일 유전변화와 암을 일으키는 독성 핵물질을 주위환경에 배출, 누적시키고 있는데 매년 약 400-500파운드의 Plutonium이 산출된다.

그러면 왜 이런 악종대량살인 핵무기가 계속 만들어지고 있는가? 미국은 과학만능사상에서 오는 그릇된 희망, 즉 공업의 우수성으로 국가안보를 도모하겠다는 목적으로 자꾸 더 신무기를 개발해 왔다. 이것은 Aviation Week & Space Technology(7/18/1988)에서 어느 한 독자가 지적했듯이 〈1960년도에 미국은 ICBM을 창조하였고 그로 인해 MIRV를 한 ICBM이 세상에 나타나게 되었는데, 소련도 이에 대항하고자 똑같은 무기를 발전시켰다. 1970년도에는 미국은 또 안보를 위해서 크루즈 미사일(Cruise Missiles)을 개발하였는데 소련도 똑같은 무기를 개발하여 이제는 ALCM을 장비한 폭격기들이 나타났다. 도대체 신무기 개발이 안보를 증강하는 것인가, 감소하는 것인가?〉

과학발전은 M. Evangelista가 Technology Review[15]에서 지적한 바와 같이 무기 경쟁의 동력이 되어왔다. 2차대전 후 미국은 계속 소련에 대한 군사적 우월성을 보장하기 위해서 과학발전에 의한 신무기 개발을 해왔고 소련은 미국 무기의 질적 우월성을 극복하기 위해서 양적으로 많은 무기 생산을 해왔고 소련이 미국의 신무기와 동등한 무기 개발에 성공하면 미국은 또 위협을 느끼고 또 다른 신무기 제작을 하여 맴돌기 같은 무기 경쟁 사이클이 계속되어 왔다.

아이젠하워 대통령이 하직하면서 미국 국민들에게 군수산업에 대해서 한 경고는 오늘날 더 의미가 현저해졌다. 영리를 목적으로 하는 개인산업은 공장이 돌아가지 않으면 영리를 얻지 못하므로 무슨 명목으로든 자꾸 신무기 개발을 주장할 것이다. 세계평화는 군수산업자들에게는 파산을 의미하는 것이 아닌가. Star War[16]의 환상도 이와 같은 견지에서 관찰하면 타당할 것이다.

〈참고문헌〉

THE WEAPONS CULTURE, Ralph E Lapp, Norton.

THE PERMANENT WAR ECONOMY, Seymour Melman, Simon Schuster, 1974.

PENTAGON CAPITALISM, Seymour Melman, Mcgraw Hill.

RISE TO GLOBALISM, Stephen E. Ambrose, Pelican Books, 1983.

〈주〉 ────────────────────────────────

1) TECHNOLOGY REVIEW, MIT(7/88).

2) ENERGY, ENVIRONMENT, POPULATION AND FOOD, G. Tuve, Willy, 1976.

3) WORLD POPULATION AND U.S. POLICY, J, Menken, Norton, 1986.

4) THE POLITICS OF SCARCITY, P. Connelly, R. Perlman, Oxford U.P. 1975.

5) TECHNOLOGY REVIEW(8/1988).

6) SCIENCE NEWS vol. 132.

7) TECHNOLOGY REVIEW(7/1988).

8) N.Y. Times(7/1988).

9) SCIENCE NEWS vol. 132, p326.

10) ONLY ONE EARTH, B.Ward & Rene Dubois, Norton, 1972.

11) BULLETIN OF ATOMIC SCIENTISTS(2/1988).

12) TECHNOLOGY REVIEW(10/1987).

13) BAS No 42, 1987. "Updating The Nuclear Winter Debate", M. Harwell & C. Harwell.

14) "Radio Active Waste", R. Aiverez. Technology Review(8/1988).

15) "How Technology Fuels The Arms Race", M. Evangelista, technology review(7/88).

16) "Starting a new Soviet Menace?", M. Krepon, BAS(7/88).

2. 생태체계(Ecology)

지구에 관한 신기한 현상 중에서 가장 신기한 현상은 지구가 약 45억 년 전 생겨난 후 35억년 동안 물과 공기와 온도의 혼합이 생물이 태어나고 생을 유지할 수 있는 호적한 상태로 유지되어 온 현상이다.

이 신기한 현상을 설명하는 일설이 GAIA 가정, 즉 생물은 생을 유지할 수 있도록 주위 환경을 조절하고 공고하게 한다는 것이다.[1]

그런데 1편에서 다룬 바와 같은 위기와 더불어 최근에 지구 생태체계에 나타나는 여러 가지 기현상은 이미 지구 생태체계에 큰 변화를 일으키기 시작했다는 심각한 사실이다. 그중 가장 시급한 예를 몇 개 열거해 보면 다음과 같다.[2]

① 기후

온실결과는 오늘과 2050년 사이에 지구 평균온도를 섭씨 1.5도 내지 4.5도 상승하게 할 것이다. 그로 인해 해수면이 1.4m 내지 2.2m로 올갈 것이다.

② 오존막

오늘날 이미 남극에 나타난 오존구멍은 점점 커질 것이고, 지구상의 오존량은 점점 감소될 것이다.

③ 산림

열대우림은 매년 1백만 헥트아르가 줄어들고 있고 공기오염과 산성비로 인해 공업국가들의 산림은 이미 3천 1백만 헥트아르가 파손되었다.

④ 사막

사막지대는 매년 6백만 헥트아르 늘어나고 있다.

⑤ 호수

이미 공업국가에 있는 수천 개의 호수가 생물적으로 죽어 있고 계속 수천 개가 죽어간다.

⑥ 농장지대의 표토

매년 농장지에서 260억 톤의 표토가 상실되고 있다.

⑦ 지하수

아프리카, 중국, 인도, 북미 제처에서 물의 수요량 증가로 지하수면이 계속 저하되고 있다. 그뿐 아니라, 미국만 해도 32주의 지하수가 이미 50여 개의 살충약으로 인해 오염되었고 2,500여 개의 독성쓰레기장에서 나오는 독성오염물질은 아직 누구도 그 해의 크기 정도를 모르고 있는 지경이다.

이와 같은 생태체계의 오염은 이미 매년 수천 종의 생물의 멸종을 초래하고 있고 이대로 가면 약 20년 안으로 지구상의 생물종류 중 20%가 멸종할 것으로 예측되고 있다.

최근 다수의 생물종류 유전인자 분석결과에 의하면[3] 모든 생물은 유황을 먹고사는 단세포 생물(Ecocytes)에서 진화한 것이 분명하다고 한다. 유전인자의 생화학 물질인 DNA Sequence Data의 분석결과 지구상 모든 생물이 Ecocytes에서 나왔다고 하니, 이것은 불교의 법계연기설, 즉 모든 중생의 유기적인 관계를 현저하게 증명해주는 보고라 하겠다. 따라서 수천 종의 생물의 멸종은 다른 종의 생존에도 큰 위기가 왔다는 것을 경고하는 셈이 된다.

오늘날 지구 생태체계의 오염의 제일 큰 원인은 낭비를 조장하는 소비생활양식에 있다고 볼 수 있는데 다량소비 생활양식은 인간을 모체를 죽이는 지구의 기생충으로 전락시키고 있는 것이 현실이다. 지구상의 생태체계를 더럽히는 인간의 활동은 20세기에 와서 급속도로 빨라졌고 해독성 있는 쓰레기와 누적은 온 지구를 쓰레기통화 하고 있는 셈이다.

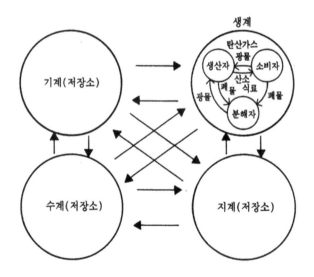

지구의 생태체계를 요약해 보면 다음과 같다. 지구의 생태체계는 기계(Atmosphere), 수계(Hydrosphere), 지계(Lithosphere), 생계(Biosphere)의 4계

로 구성되어 있는데 그중 생계는 모든 생물이 탄소(C), 수소(H), 산소(O), 질소(N), 유황(S), 인산염(P)의 6가지 원소로 만들어진 것이고, 이 6가지 원소가 잘 알려진 탄소, 질소, 유황, 인산염의 순환 사이클을 통해 계속 배합하여 새 생물이 만들어지고, 생물이 죽으면 다시 분해되어서 재순환, 즉 영원한 윤회를 하는 것이다.

일반적으로 생계에 있는 모든 생물은 생산자, 소비자, 분해자의 3그룹으로 나누어지는데[4] 그 상호관계가 대략 아래 그림과 같다.

앞에서 언급한 GAIA 가정에 의하면 이러한 생태체계의 순환은 기계, 수계, 지계의 3대 저장소를 이용하고 생의 유지를 위한 자동조절을 한다는 것이다. 태양의 열이 광합성(photosynthesis)을 일으켜 생태체계의 순환의 동력이 되는데 태양에너지의 Entropy 상승과정이 다음과 같다.

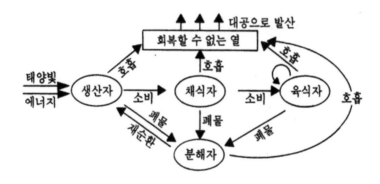

GAIA 가정은 대국적인 생태체계 전체에 관한 것인데, 그중 생계만을 격리해 보면, 생존경쟁에서 종자의 멸종과 같은 Dynamism과 불안정성이 큰 작용을 하고 있다. 이와 같은 현상은 Population Dynamics에서 사용되는 Prey-Predator Model로 설명할 수 있는데, 간단한 예를 하나 요약

해 보면 다음과 같다.

⟨2종 Prey-Preator Model⟩[5]

VOLTERRA-LOTKA 방정식

$$\begin{cases} X_1 = (A - BX_2)X_1 \\ X_2 = (-C + DX_1)X_2 \end{cases}$$

X_1 : 사슴 무리의 총수

X_2 : 이리 무리의 총수

A : 이리가 없을 경우 사슴의 증가율

BX_2 : 이리에게 잡혀 죽는 사슴 수

위의 방정식의 해의 Phase Portraits은 다음 그림과 같은데 그것은 생존경쟁의 기동성과 불안정성을 잘 나타낸다.

수많은 생물의 멸종이 자연의 균형에 얼마나 치명적인 위기를 초래하는가를 쉽게 알 수 있다.

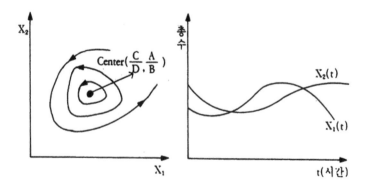

〈주〉————————————————————————

1) SCIENCE NEWS, vol. 132, 1987. "The Plankton-Climate Connection", R. Monastersky.

2) TECHNOLOGY REVIEW(7/88), "The Earth's Vital signs".

3) NATURE, vol. 331(l/88), "Origin of The Eukaryotic Nucleus Determined by Rate-Invariant Analysis of KRNA Sequences", James Lake. "What was The First Living Cell", David Penny.

4) LE MACROSCOPE.

5) ORDINARY DIFFERENTIAL EQUATIONS.

3. 윤회의 현대적 해석

전통 불교의 六界說(육계설)에 의하면 기계, 수계, 지계, 생계의 모든 만물, 즉 우주의 잡다 중생들이 연기로 모두 서로 얽혀 있을 뿐 아니라 천상, 인간, 축생, 수라, 아귀, 지옥의 六界(육계)를 수레바퀴 돌듯 영원히 윤회하는 것인데 인간이 그 윤회고에서 해탈하는 길은 오직 자성이 佛이라는 것을 깨달아 보시, 지계, 인욕, 정진, 선정, 지혜의 바라밀 문을 통해서 52경지에 달해 성불하는 길이라는 것이다.

2편에서 지적한 바와 같이 최근에 발표된 생물의 DNA Seauencing 연구조사에 의하면 모든 생물이 같은 조상"Ecocyte"에서 나왔다 하니 이것은 모든 중생의 유기적 관계를 확증하는 것이다.

또 앞에서 다룬 바와 같이 지구의 생태체계의 균형을 이루는 가장 중요한 요소는 탄소의 사이클인데, 탄소는 용암과 돌의 주성분으로 지계를 이룰 뿐 아니라, 대기에 탄산가스로 나타나서 지구를 보온하는 막의 작용을 하여 생물의 생존을 가능하게 하고 지구를 회전하다가 비로 떨어져 식물에 포함되었다가 축생의 한 부분이 되기도 하고 또 인체의 일부가 되기도 한다. 또는 비에 포함되어 대양으로 떨어져 해저에 들어갔다가 다시 용암을 구성하는 탄소원자로 되었다가 화산으로 다시 대기에 순환되기도 한다. 이와 같이 탄소는 모든 생화학의 기본이 되고 탄소의 순환은 六界說(육계설)의 근본적 합리성을 증명해 준다.

4. 恒順衆生願(항순중생원)

항순중생원이란 화엄경의 보현행원품에 포함된 10개의 행원 중 9째 행원인데,중생을 수순한다는 행원이다. 중생이란 개념은 이 세상 모든 만물이 一切(일체) 생명체임을 의미하고 법계연기설에 의하면 우주에 있는 일체중생이 연기로 얽혀서 一即一切 多即一(일즉일체 다즉일)의 실재를 이루고 있으며 모든 것이 서로 교착하여 겹쳐있고 유입하여 서로 의존해 있다.

다시 말해서, 일체중생은 분리될 수 없는 유기체이고 모든 중생이 바로 부처님을 탄생시키는 근거이기 때문에 중생의 일을 따르며 도와주는 것이 즉 부처님을 탄생시키는 숭고한 일이 되는 것이다.

이와 같이 생태체계의 만물평등사상은 평화사상과 더불어 불교의 중생공영사상, 즉 다양한 중생들이 평등, 평화롭게 공영해야 된다는 사상의 핵심이다. 따라서 환경오염행위는 중생에 대한 불수순행위가 된다.

20세기 후반기에 나타난 날로 심각한 환경오염 위기에 처해있는 인류는 인간뿐만 아니라 모든 중생의 번영을 도모해야 한다. 즉, 생태체계를 존중하라는 보현보살의 항순중생원에서 Ecology 문제의 해결책은 구할 수 있을 것이다. 우리는 이와같은 이미 수천 년 전의 불자들의 「선각」에서 불교철학의 범인류적 위대성을 찾아볼 수 있다.

〈참고문헌〉

1. 화엄경

2. A GOD WITHIN, Rene Dubois, Scribners, 1972.

3. Le MACROSCOPE, Joel de Rosnay, Seuil, 1975.

4. ORDINARY DIFFERENTIAL EQUATIONS, Arrow Smith & Place, Chapman & Hall.

제2장

재래식 정경체계

1. 정경체계의 요약

    재래식 정경체계는 편의상 이곳에서 자본주의, 공산주의(과학적 사회주의), 사회주의(민주사회주의, 사회민주주의), 셋으로 나누어 다루기로 한다. 이 제목에 관한 문헌은 천문학적인 수에 달하고 수많은 견해들이 있는 고로 이곳에서는 단지 System 공학적인 견지에서 모든 정경체계를 물품생산, 분배 체계로서 다음 그림과 같이 간주하고 간단히 고찰하기로 한다.

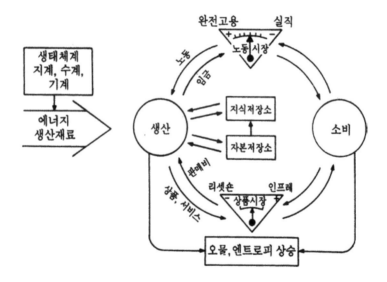

[생태체계의 ENTROPY 상승과정과 그에 해당하는 경제체계의 돈의 순환]

    먼저 재래식 정경체계를 요약해 보면 다음과 같다.

1) 자본주의

자본주의 정경체계는 생산자본과 토지의 사유원칙하에서 이윤이 사업 활동의 동기가 되며 이윤률이 생산의 방향을 결정한다. 자본주의는 자유 시장경제의 자율성을 기본원칙으로 하고 자유시장 경쟁하에서의 사회구성 인의 수입분포는 각 개인의 생산기여도를 수요공급법칙에 따라 반영하는 것이다. 따라서 정부의 역할은 법과 질서 유지, 국방과 더불어 화폐제도의 안정을 도모하는 데 제한된다.

2) 공산주의

모든 생산자본과 토지의 공유원칙하에서 사회의 필요가 생산
활동의 동기가 되며 사회의 필요에 따른 중앙기획이 생산방향을 결정한 다. 따라서 모든 경제활동이 정치 활동과 더불어 정부의 역할 범주 안에 있 다. 사회구성인의 수입분포는 경제적 동등원칙을 일반적으로 반영한다.

3) 사회주의

사회주의 정경체계는 자본주의의 시장경제와 공산주의의 중앙기획경제 의 절충으로서 여러 가지 형으로 나타나는데, 대체적으로 사회 민주주의는 1) 대부분 생산 자본의 사유원칙을 인정하고 세금을 통한 수입분포의 동등 을 도모하는 정경체계이고, 민주사회주의는 대체로 생산자본의 공유원칙 하에 소비품과 노동의 자유시장을 조장하는 정경체계라 할 수 있다. 물론

여러 가지 형의 절충이 가능하므로 그 규정도 여러 가지로 다르게 할 수 있을 것이다.

다음에는 자본주의와 막스 경제체계의 대조를 현대 수리경제론을 사용하여 간단히 고찰해 보기로 한다. Karl Marx는 Adam Smith, F. Quesnay, D. Ricardo와 같은 고전경제학자들의 후예라고 할 수 있는데, 그의 저서 Das Kapital을 이해하는 데는 그의 노동가치론(Labor Theory of Value)과 더불어 그의 영리론(Theory of Profit)을 가장 중요한 열쇠로 사용할 수 있다.[2]

막스는 Das Kapital에서 고전경제학자들의 교환가치를 결정하는 노동가치를 택하고 이윤의 부정에서 시작하여, 자본가의 노동계급 착취를 통한 이윤의 긍정과, 이윤의 순환을 통해서 자본주의 경제체계의 Dynamic을 설명했다. 근대 자본주의 경제학자들은 대체적으로 노동가치론을 주장하는 고전파(이윤부정)와 노동가치론을 배격하는 신고전파로 나누는데 막스는 독창적으로 새로운 막스 경제체계를 창시하였다.

STATIC 경제모델[3]

STATIC 경제모델은 G. Maarek이 지적하듯이 방정식을 몇 개 사용해서 다음과 같은 연립방정식군으로 나타낼 수 있다.

$$Ax + \lambda\alpha N = X$$
$$V^T X = \overline{W}$$
$$P^T = P^T A + SV^T$$
$$P^T \lambda^* \alpha N = S\overline{W}$$
$$\lambda = \lambda^*$$

$$\overline{W} = aN \quad (0 \langle a \langle 1)$$

여기서, X는 생산벡타

      λ는 생활수준 INDEX

      P는 가격벡타

      S는 임금률

      N은 총인구수

      W는 고용자수

      $\overline{W}$는 노동자수

      α는 소비계수 벡타

      V는 고용계수 벡타

      A는 전문계수 Matrix인데

위 (★)를 다음과 같이 Matrix로 변형시키고

$$\left(\begin{array}{c|c} I - A & -\lambda^* \alpha \\ \hline -V^T & \end{array} \right) \left(\dfrac{X}{N} \right) = 0$$

Linear Programming에서 쓰는 표준방식으로 풀면 타당한 조건하에서 그 해인 Equilibrium Point를 찾을 수 있다. 또 그 균형점의 존재 여부가 다음 방정식에 포함된 조건과 동일하다는 것을 증명할 수 있다.

$$V^T (I - A)^{-1} \lambda^* \alpha = a$$

이 방정식의 좌편은 각 개인의 생산에 필요한 노동량을 나타내는 것인데 여러 체계의 차이점을 나타내는 데 긴요하게 쓸 수 있다.

위의 방정식의 양쪽에 N을 곱하면

$$V^{T}(I - A)^{-1}\lambda^{*}\alpha N = \overline{W}$$ 이 되는데,

고전파는 균형하의 생활수준은 장기적으로 인구학적 요소 때문에 늘 정해진 점 λ^{*}에 머무르는 것이라고 주장하고 신고전파는 인구학적 요소에 무관하게 총인구수와 고용자수를 알면 단기적으로 생활수준을

$$\lambda = \frac{\overline{W}}{V^{T}(I - A)^{-1}\alpha N}$$

을 사용해서 계산할 수 있다고 주장한다. 막스는 한편 고전파의 주장, 즉 생활수준 Index는 영원한 외부적인 원인에 기인한 체계적인 요소라는 것을 택하고 신고전파의 주장을 부정하였는데 또 고전파와 다르게 그 방정식을 다음과 같은 부정식으로 바꾸고

$$V^{T}(I - A)^{-1}\lambda^{*}\alpha \langle a$$

일반생활 수준이 항상 최저인 생존 수준에 머무르는 것은 생활 수준에 정비례하는 인구증가 때문이 아니고 잉여노동(Su rplus Labor)을 자본가층이 탈취해 내리기 때문이라고 주장했다.

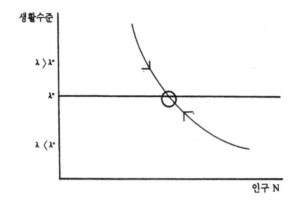

2. 기존 정경체계의 철학적 배경

어느 정경체계의 정당성과 작용원리를 설명하기 위해서는 궁극적으로 철학적 원리가 사용되는데, 기존하는 정경체계(자본주의, 공산주의, 사회주의)의 철학적 배경을 이해하는 데는 역사적으로 선행된 자본주의를 먼저 다루고, 자본주의의 비판을 토대로 하여 발생한 공산주의의 이념을 다루어 보는 것이 가장 합리적인 길일 것이다.

1) 자본주의

자본주의의 철학적 배경은[4] Renaissance로부터 반봉건주의로 시작된 개인주의 철학(Individualism)이다. 서양의 13세기 내지 18세기 중기간에 성행한 Mercantilism 체계하에서는 모든 개인이익이 국가이익에 따라 회생되어야 했는데, 18세기 후기부터 J. J. Rousseau, Proudhon, J. S. Mill과 같은 철학자들과 T. Malthus, A. Smith 같은 경제학자들에 의해서 프랑스(1848)와 유럽 제국에서 일어난 혁명들을 계기로 개인의 자유를 지지하는 철학이 초래되었다. 개인은 국가의 통제하에서 벗어나야 한다는 반봉건적인 개인주의 철학은 산업혁명과 더불어(대기업이 국가의 간섭이 없으면 더 큰 이익을 추구할 수 있었으므로) 급히 발전 성장되었고, 저명한 Adam Smith의 『국부론』도 「Laissez-Faire 자유경쟁정책」을 지지하는 경제론이다.

또 한편으로 기독교의 개신교윤리의 초석인 「개인의 양심」과 「개인구원」의 개념도 개인주의 철학을 조장하는 큰 역할을 현대까지 해오고 있는 것이다.

2) 공산주의

서양철학은 대국적으로 말하면 고대로부터 Plato, Spinosa, Kant, Hegel 등의 관념철학과 Democritus, Aristoteles, Feuerbach 등의 물질주의 철학으로 양립되어 왔는데, 19세기 초기에 관념철학을 대 집성한 Hegel은 인류역사를 Weltgeist의 An-Sich-Sein에서 시작하여, 자연이란 Entfremdung의 양식을 거쳐 An-Und-Für-Sich-Sein이 되기까지, 즉 자유를 향한 성장(Aufhebung)으로 관찰하였고 그 발전원칙으로 Thesis + Antithesis ⇒ Synthesis라는 변증법(Dialectics)을 창안해 내었다.

그후 막스(MARX)는 변증법적 물질주의(Dialectic Materialism)를 창안하여, 헤겔의 변증법을 발전원칙으로 받아들이되, 변증법적 진행의 주인공을 헤겔의 Welt Idee(절대정신) 대신 인간을 포함한 자연으로 대치시켰다. 그래서 그의 이론을 변증법적 물질주의라고 한다.5)

막스 철학은 레닌에 의하면 「막스 이론은 19세기에 인류가 물려받은 가장 좋은 유산인데, 독일철학과 영국의 정치 경제와 프랑스의 사회주의로 만들어진 것이다.」6)

막스에 의하면 자본주의 체제하에서는 노동자가 자본주의 영리만을 위한 도구로서 고용되므로 자신의 노동에서 격리(Selbt Entfremdung)되는 것을 강요당하고 그 때문에 주체성을 상실당한다는 것이다.

「자본주의 체제하에서의 대인관계의 특징은 의존과 무관심이다. 모든 사회관계가 교환가치(돈)로 표현되기 때문에, 돈이 모든 것을 매개하고 각 개인의 직업활동이나 노동이 돈을 벌어야 하는 조건으로 규정되므로 서로 무관심한 사람들한테 의존을 해야 한다.」[7]

그러므로 막스는 자본주의 체제가 비인도적이고 사유재산을 폐지한 공산주의만이 인간과 인간, 인간과 자연 사이의 투쟁을 해결할 수 있는 진정한 해결이고 자연주의, 인도주의라고 주장했다.[8]

노동의 개념에 대해서도 노동을 「휴식의 희생」으로 규정한 Adam Smith에 대조되게 막스는 「아담스미스는 노동에 관해서 자본의 노예만을 생각했다. 노동이 「희생」이라는 개념은 노동조건을 노동자가 결정 못하는 생활양식, 즉 자본주의에서 가능하다. 노동자가 주체적, 객체적인 조건을 모두 스스로 결정할 수 있을 때 노동은 매력적인 사업, 즉 각 개인 자신이 실현이 되는 것이다.」[9]

3. 이론과 실천

1) 자본주의

자본주의 이론에 의하면 사회구성인 각각이 자기의 이익을 위해서 일하면 그와 더불어 전체적 사회복지도 늘어난다는 것이다.

하지만 실제로 자본주의의 개인주의적 바탕과 Laissez-faire 자유경쟁 정신은 약육강식의 Social Darwinism을 필연적으로 초래하는 것이다.

오늘날 여러 자본주의 체계하에서는 그런 비인도주의적인 요소를 감소하기 위해서 세금 정책 등 여러 가지 복지정책(Welfare)을 사용하고 있는데, 궁극적으로 부익부, 빈익빈의 결과가 불가피한 것이다.

그 외에도 자본주의 체제는 여러 가지 모순을 내포하고 있는데 그중 가장 심각한 문제가 생산과정의 자동화에서 오는 문제이다. 즉, 매우 능률적인 자본주의적 생산양식은 노동비를 절약·감소하기 위해서 컴퓨터를 포함한 생산수단 자동화를 기할 것이고, 그로 인한 잉여노동량의 급증진과 필요 없는 노동대군이 나타날 것인데, 그 잉여노동자 문제가 점점 더 난해해질 것이다.

그 모순의 바탕이 자본주의가 노동을 상품으로 만든 것에 있는데 자본주의가 성공할수록, 불필요한 잉여노동 증가, 즉 노동의 비상품화의 확대를 초래할 것이고 이와 같은 노동의 상품화·비상품화의 모순을 극복할 수 없는 것이다.

또 하나 심각한 문제는 환경오염문제인데, 자본주의식 개인이익추구는 생태체계를 무시하고 자연자원을 남용할 것이고 그로 인한 환경오염문제는 「개인이익」을 추구하는 차원에서는 도저히 해결이 불가능할 것이다. 그 외에도, Inflation-Depression 경제위기 사이클과 그로 인한 낙오자들의 정신적 손상 같은 「사욕」만으로는 해결이 불가능한 문제들이 있다.

2) 공산주의

공산주의는 기독교의 「개인구원」과 대조되게 의식개조에 의한 전 「사회집단적 구원」을 추구하는 이상적 사회건설을 목표로 하므로 실천이 매우 어려울 것은 당연할 뿐만 아니라 관료주의, 전체주의와 같은 동결된 체계로 전락되기가 쉬운 것이 자명하다.

중앙기획 경제체계는 대체로 경제위기를 극복하면서 전반적인 사회경제 발전을 가능케 하고 근본적인 인권, 즉 의식주의 우선적 해결과 교육, 의료 등의 최저의 사회보장혜택을 사회구성인 전체에 널리 줄 수 있는 장점이 있는가 하면, 반면에 실제적으로는 이론과 달리 생산체계의 명령체계화와 그로 인한 사회의 동결화가 쉽고 또 자본주의하에서는 「시장」이 자연이 해결해줄 능률적인 자원과 노동의 할당문제(Planning Problem)가 극히 난해한 문제가 되는 것이다.

좀 더 전문적인 면에 있어서 L. Von Mises, Von Hayek 등이 지적한 바와 같이 일체 생산함수자료를 구할 수 있다 가정해도 수많은 동시 방정식군의 풀이가 불가능한 경우가 상례이므로 최량의 해답을 구할 수가 없다는 중앙기획문제이다.

결론적으로 Linear Pogramming 용어를 사용해서 이 두 체계를 대조해 보면, 주어진 조건하에서 자본주의 경제에서는 이윤함수의 최대화가 문제이고, 공산주의 경제에서는 생산비의 최소화가 문제인데, 대체로 자본주의 체계하에서는 가능한 해집합(Feasibility Set)이 제한조건(Constraints)수가 적어서 너무 크고, 그로 인해 불균형과 Social Darwinism 문제가 생겨나고, 공산주의 체계하에서는 제한조건수가 너무 많은고로 해집합이 너무 적고, 그로 인해 선택의 범주가 적을 뿐 아니라, 체계의 동결화가 쉽다고 비유할 수 있을 것이다.

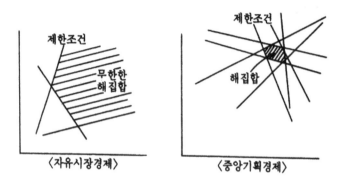

⟨자유시장경제⟩   ⟨중앙기획경제⟩

⟨주⟩ ─────────────────────────────────

1) THEORY OF ECONOMIC SYSTEMS, W. Snavely, Merrill, 1969.

2) 3) AN INTRODUCTION TO KARL MARX'S DAS KAPITAL, Gerard Maarek, Oxford University Press, 1979.

4) CAPITALISM, WERNER SOMBART THE ENCYCLOPEDIA OF THE SOCIAL SCIENCES(1930), VOL.3.

5) HEGEL, Frants Wiedmann, Western, 1968.

6) SELECTED WORKS, V.I. Lenin, Berlin, 1959(vol. I. pp7f).

7) GRUNDRISSE(157), Karl Marx, Penguine Books, 1973.

8) DIE FRUHSCHRIFTEN, K. Marx, p235.

9) GRUNDRISSE(611).

제3장

衆生共榮體系
(중생공영체계)

2장에서 다룬 재래식 정경체계는 모두 경제체계가 생산체계를 지배하고 생산체계가 지구생태체계를 지배하는 극히 역리적인 역사적 산물이다. 그와 반대로 중생공영체계는 항순중생원칙, 즉 마땅히 지구생태체계가 모든 생산체계를 통제하고 생산체계가 정경체계를 통제해야 한다는 원칙하의 새로운 정경체계이다.

　　생태체계의 중요성은 이미 동양에서는 수천 년 전에 불교[1]가 널리 가르쳤는데, 서양에서는 공해가 범람하는 오늘날에 와서야 R. Dubois[2], J De Rosney[3], B. Commoner[4] 등 생화학자들이 지적한바 있다.

　　중생공영체계는 불교의 2대 원칙인 평화원칙과 평등원칙을 중생에 적용한 체계로서, 첫째로 모든 중생에 해가 없도록 생태체계에 순응하는 생산체계를 SYSTEM 공학적으로 구성하는 체계이고, 둘째로는 생산체계에 적합한 정경체계를 만민의 평등원칙하에 세워서 언론, 이주, 선거, 종교 등의 정치적 인권과 직업, 교육, 의료 등의 경제적 인권을 누구에게나 보장하여 인간 개개인의 자주성과 창조성을 최대한으로 조성하는 체계이다.

　　또 중생공영정치체계는 밑에서 위로 올라가는 민주주의 다수결원칙하에 자유로 공천된 민중의회를 중앙으로, 행정인의 임무와 권리는 능력의 함수로 부여되며 새로운 정치인형, 즉 행정관리인을 양성하도록 한다.

　　또 중생공영체계하의 경제발전은 전 사회의 필요에 따라 「통제된 불균형원리(Principle of Controlled Equilibrium)」를 사용하여 생태체계에 해로운 무계획한 발전을 피한다.

물론 중생공영체계의 구체적인 형태와 구조는 각 국가와 민중의 뜻에 따라서 민주적으로 결정되어야 할 것이다. 저자의 견해로서는 중생공영체계가 어떤 형태로 나타나든지 적어도 다음과 같은 Flow Chart를 반영해야 한다고 간주한다.

[중생공영체계]

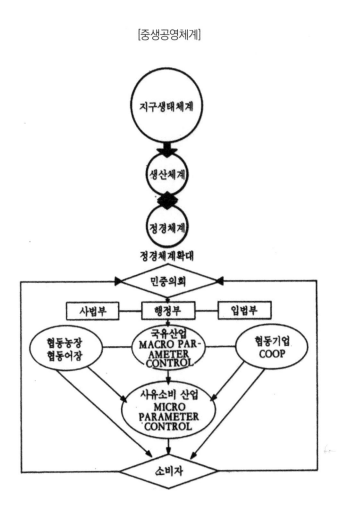

〈주〉 ─────────────────────────────────

1) 화엄경

2) ONLY ONE EARTH, Barbara Ward, Rene Dubois, Norton, 1972.

3) LE MACROSCOPE, Joel De Rosnay.

4) THE POVERTY OF POWER, B. Commoner, KNOPF, 1976.

제4장

신대동사회론
(新大同社會論)

NEW COMMONWEALTH SOCIETY

- 범세계적 대동정경민주체제 -

(Government of Sincere Leaders by The Experts for The People)

1. 신성리학(新性理學)

1) 신 유교는 실현상적으로 증명되는 '인자천지지심야(人者天地之心也)'에 기인한 공자(孔子) 사상의 역사적 발전, 즉 사회인 모두가 교육과 개인 수양으로 인격을 높이고, 사회적으로는 정덕(正德), 이용(理用), 후생(厚生)을 추구하여 궁극적으로 대동사회(大同社會)의 성취를 목표로 한다는 중화(中和) 실천철학이다.

2) 공자의 후계자인 맹자(孟子)는 도덕론으로 의리천(義理天)에 의한 성선설(性善說)을 주장했고, 그와 반대로 순자(荀子)는 객관적인 자연지천(自然之天)에 의한 성악설(性惡說)을 주장했는데, 이들은 모두 틀린 것이다. 성선설이 옳다면 왜 도덕교육과 수양이 필요하단 말인가? 성악설이 옳다면 어찌 자연 세계의 순리인 약육강식이 악이라 할 수 있는가?

따라서 둘 다 인간의 본성론으론 적합하지 않다.

3) 그 후, 송(宋)대의 주자(朱子)는 정이, 정호의 성리론(性理論)을 성리학(性理學)으로 발전시켜 도덕실천의 원리로 리(理)를 사단(四端)으로 기(氣)를 칠정(七情)으로 구분하였고, 또 그 후 조선학자 이퇴계와 이율곡에 의해서 성리학이 완성되었다.

4) 그러나 인간 본성론(本性論)으로서 사단칠정은 가장 중요한 품목들이 빠져있고, 필자의 의견으론 실현상에 의한 현대화 개조가 다음과 같이 필

요하다.

a. 인간은 제각기 모든 것을 자기 입장과 자기 시점에서 받아들이고 판단은 그에 따른다는 피할 수 없는 실현상이다.

즉, 이기지심(利己之心)은 진실이다.

그러므로 군자지도(君子之道)의 첫 조목이 극기(克己) 정신이 아닌가?

고로, 사단 위에 이기지심 [己]가 있어야 한다.

즉, 새 오단은

① 이기지심(己) 利己之心

② 측은지심(仁) 惻隱之心

③ 수오지심(義) 羞惡之心

④ 사양지심(禮) 辭讓之心

⑤ 시비지심(智) 是非之心

b. 제일 중요한 인간의 정(人情)은 외로움이다. 인간은 각각 이 세상에 혼자 왔다가 홀로 돌아가는 것이고, 한정된 그의 인생에도 외로움(孤)을 느끼는 시간이 매우 크다는 실현상이다.

고로, 외로움(孤)은 으뜸가는 정(情)이다.

즉, 새 팔정은

① 고(孤)

② 희(喜)

③ 노(怒)

④ 애(愛)

⑤ 구(懼)

⑥ 애(哀)

⑦ 오(惡)

⑧ 욕(慾)

《PERSONALITAS EST ULTIMO SOLITUDO》, DUNS SCOTUS)

2. 정경민주주의

〈政在節財(정재절재)〉 - 공자

1) 경제와 정치는 나눌 수 없는 동전의 양면과 같은 것이다. 왜냐하면, 경제력은 정치력을 살 수 있고 반대로 정치력은 경제력을 취할 수 있기 때문이다.

따라서 경제민주주의가 없는 정치민주주의나 정치민주주의가 없는 경제민주주의는 둘 다 반쪽 허위 민주주의이다. 예를 들어, 현재 미국, 멕시코 등 사회에서 최상 부유층 1%가 아래 90%와 거의 같은 재산 소유량을 지닌 불균형 경제체제나, 빈민층이 없고, 교육, 보건비 걱정이 없으나 언론과 행동의 자유가 없었던 옛 소련 체제는 둘 다 허위민주주의가 분명하다.

2) 현존하는 자본주의 체제는 경제력이 배후에서 모든 정치와 법계를 통제하고, 영리를 최대화하기 위한 끝없는 경제팽창을 도모하기 때문에 이에 따른 소비와 빚의 최대화 노력은 상품 생산에 필요한 재료 착출로 전 지구의 한정된 생태체계를 초토화하고 있다. 이미 지구의 대기, 대양들의 오염은 날로 심각한 난제로 계속되면 전 인류 멸망을 초래할 것이다.

3. 신대동사회

신대동사회는 정덕(正德), 이용(理用), 후생(厚生)을 지양하는 정경민주주의 체계로 다음과 같이 구성한다.

1) 경제민주사회 구조

[목표 1] 국민 평균 재산분포는 절단된 표준곡선 N(μ-6, μ+36).

평균연금분포는 PARETO 곡선 사용과 위에 따른 복지세금정책을 정한다.

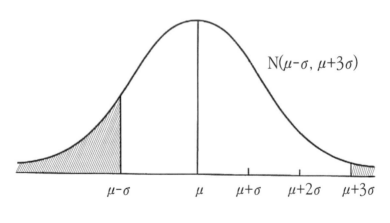

$$N(\mu-\sigma, \mu+3\sigma)$$

$$\sigma \approx S = \frac{\text{Max}X - \text{Mini}X}{4}$$

$$eg. \quad \mu = 200,000$$
$$\sigma = 50,000$$
$$\overline{X} = \mu, \ S = \sigma$$
$$LB = 150,000 < \times < 350,000 \ or \ 400,000 = UB$$

[목표 2] 수요 = 공급의 협동조합 생산체계

Web Network에 의한 국민여론조사 Big Data Automation에 따라 수요량을 결정하고 이에 맞추어 공급량을 조절한다.

생산체계는 지방 협동조합을 토대로 하고 그 위에 필요한 국영회사들로 구성한다. 각 지방에 맞는 공업, 농업, 어업협동조합(Cooperatives)들은 서로 협조와 경쟁으로 대국적 공급을 제공한다.

따라서 이 같은 경제구조는 무한정 자유시장으로 인한 잉여생산낭비를 극소화할 수 있디(현재 미국과 같은 나라에선 매년 음식 생산량의 거의 50%가 낭비되고 있다).

이것이 이용(理用)이고 실직자와 낙오자가 없는 후생(厚生) 사회인 것이다. 또 국민 대다수가 같이 배불리 먹고, 어떤 탐욕할 여지도 불평할 필요도 없는 사회 즉 Commonwealth Society, 이것이 바로 대동사회가 아닌가.

2) 대동민주정치사회

[목표 1] 성실(說廣)한 지도층 창출

다수결로만 지도급을 선출하는 재래식 민주정치체제는 지도급의 저질화(Mobocracy)를 피할 수 없다.

오랫동안 전 세계 여러 나라에서 일어난 현실 역사가 이를 증명해 준다. 이미 고대에 그리스의 철인 플라토(Plato)가 지적했듯이 다수결 민주체계는 궁극적으로 독재체제로 변하기 쉽다는 비판이 있다. 따라서 대동정치체계는 민주원칙을 견지하되 지도급을 넓은 지식과 오랜 경험을 겸비한 성실한 자들에게만 자격을 다음과 같은 필터(Filter)를 통해 부여한다.

교육[필터 a] 학사와 국가고시
경험[필터 b] 20년 이상 해당 분야 우수경력
성심[필터 c] 성심(誠心), 즉 인의(仁義)에 성실한 자

[목표 2] 정치인(Politician) 대신 행정관리인(Custodian)

재래식 정당정치 체계는 정치인들의 권력투쟁으로 인한 노력과 경비 남용으로 국가재산을 소모할 뿐 아니라 자주 일어나는 정권교체는 대국적인 국력 감소를 동반한다. 따라서 재래식 정치인들을 필터를 사용해 추려낸 유능하고 성실한 행정관리인들로 대치한다. 그러면 사욕을 위한 모든 불성(不誠)한 행동은 사회에서 전부 없어질 것이다.

3) 신대동사회구조

신대동사회는 지방자치구와 협동조합을 바탕으로 하는 분포정경민주주의 사회(Distributed Politics-Economic Democracy)이고 국가정경체계를 좌표와 같이 구성한다.

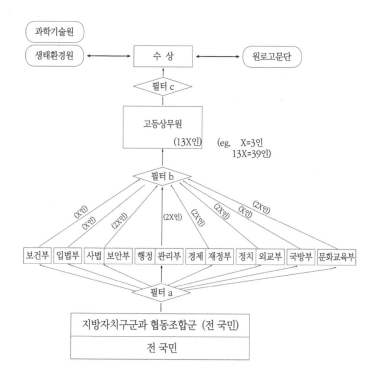

1. 국가 헌법은 입법부가 대동사회 구조에 적합하게 제정한다. 고등상무 원은 헌법채택과 개조권을 소유한다.

2. 수상은 임기 Z년으로 고등상무위원의 다수결 투표로 선정한다.

3. 고등상무위원은 임기 Y년으로 각 부마다 X인 또는 2X인씩 각부 전 원의 다수결 투표로 선정한다.

4. 각부의 부장은 전 부원들의 다수결 투표로 선정한다.

5. 지방자치 국장은 해당 지방 주민들의 다수결 투표로 선정한다.

6. 국립은행은 재정부에서 관장한다.

7. 각 지방마다 환경생태소를 설치하고 오염과 초토화를 방지한다.

따라서 이 같은 신대동정경민주체계는 인류 역사상 최초로 국민 대다수의 이익을 위하고 국민 대다수가 사회의 실소유자인 진정한 민주 지방자치체계이고, 또 앞으로 AI 발전으로 인한 날로 증가되는 실직자들과 낙오자들이 없을 뿐더러 지구의 오염과 생태체계의 몰락을 방지할 수 있는 유일한 체계일 것이다.

즉, 〈Government of Sincere Leaders
　　by The Experts for The People〉인 것이다.

끝으로, 신대동사회체제는 '우리'라는 우리말의 개념과 우리 전통 '두레마을' 협동정신을 사회에 적용한 체제임을 분명히 지적하고자 한다. 또한 2,400년 전 서양철학의 시조인 그리스의 Plato가 그의 저서 REPUBLIC(375 BC)에서 상상하던 이상향 UTOPIA가 바로 신대동사회일 것이다.

유교가 꿈꾸는 세상 *

유교가 꿈꾸는 '더불어 사는 사회', 즉 대동사회는 정의로운 세상입니다. 어진 사람과 능력 있는 사람을 지도자로 뽑아 나라를 다스리게 하고, 나이 든 사람과 병든 사람, 사회적으로 불우한 사람들도 모두가 보살핌을 받을 수 있으며, 모든 사람은 자기의 직분에 맞는 일을 맡아서 즐겁게 일을 합니다. 그러면서도 자기 한 몸만을 위해서 일하지 않기 때문에 훔치거나 해치는 일도 일어나지 않고, 그에 따라 집집마다 대문이 있어도 걸어 잠글 필요가 없답니다. 이런 세상을 대동사회라 고합니다.

* 〈참조문서〉

* New commonwealth society may be compared to the decentralized democratic society of Jefferson.

〈참고문서〉

1. 유교문화를 찾아서, 노리누리, 경북 안동, 2007.
2. 공자의 생애와 사상, 김학주, 명문당, 2003.
3. UNEQUAL DEMOCRACY, L. Bartels, Princeton UNIV. Press, 2008.
4. NUMBERS RULE, G. Szpiro, Princeton U. P, 2010.
5. KILL IT TO SAVE IT, AN AUTOPSY OF CAPITALISM'S TRIUMPH OVER DEMOC
   RACY, Corey Dolgon, Policy Press, Bristol, UK, 2017.
   http://State of Working America.org/
6. AMERICA : THE FAREWELL TOUR, Chris Hedges, 2018, Simon & Schuster.
*7. THE PROFIT DOCTRINE, Chernomas & Hudson, Pluto Press, London, UK,
   2017. (p171) 「US Senate & Congress are of The Top 1% by The Top 1% for The
   Top 1%」 (STIGLITE)
8. PLATO, THE REPUBLIC, Trans. R. Allen, Yale U. Press.

제3부

空哲學小考
(공철학소고)

[우주론]

空哲學小考

佛在靈山莫遠求 靈山只在汝心頭

人人有個靈山塔 係向靈山塔下修

서문

　필자는 소년시절부터 인간이 자기의 삶에 대한 의문을 한다는 묘한 현상에 매혹되어 일찍이 철학도가 된 후 수년간을 미국, 유럽 등지에서 현상학, 분석철학 등 서양철학계 속에서 방황을 했었다. 뒤늦게, 석가여래의 공사상(空思想)이 정각(正覺)임을 각성(覺醒)하여 공사상(空思想)을 현대논리적(現代論理的)인 관점에서 전개해 본 결과가 이 책자이다.

　19세기 중엽 「아편전쟁」에서 시작된 서양제국주의의 동양 침입은 아직도 종말을 짓지 않고 있는데, 그로 인해 거의 한 세기 동안 많은 동양의 식자들이 요염하게 분장한 창녀와 같은 서양의 물질주의에 혹하여 성실한 처와 같은 자기 전통문화를 저버린 현상이 일어났다. 특히 일본과 우리나라에서 이것이 현저한데, 이제는 우리가 서양의 잡쓰레기를 쳐버리고 우리의 자성을 찾아야 할 때가 아닌가 한다. 이 책자의 발행도 이와 같은 자성찾기 운동의 일환이라고 말하고 싶다.

　끝으로, 이 글에 사용된 수학물리 공식과 증명들은 대학교과서에서 표준화된 것들임을 명기한다. 다만 그 해석과 응용들이 독창적이라고 할 수 있을 것이다. 또 우리 민족사의 귀중한 보배 중의 하나인 普照國師修心設(보조국사수심설)을 나에게 소개해준 원각사 住持(주지) 법안 스님께 심심한 감사를 드린다.

뉴욕시 LINCOLN CENTER 도서관

1987년 봄 · 저자

차례

1. 현대 수학논리와 空(공)

현대과학의 중추를 이루고 있는 수학은 그 자체가 논리의 연장이라는 것이 현대논리의 창시자인 G .Frege에 의해서 지적되었고, 그의 후계자들 B. Russell과 Whitehead에 의해서 논리적으로 증명되었다. [cf : Principia Mathematica]

이러한 Frege의 공헌은 철학사상 실로 큰 것으로서, 2천 년 동안 내려온 아리스토텔레스 고전논리를 전복시켰고 또 서양근대 관념철학의 창시자인 Kant가 형이상학의 바른 영역으로 내세운 「선험적인 종합적(Synthetic a Priori) 진리」의 허상을 드러내었다.

Kant는 그의 철학적 진리의 가장 이상적인 본보기로 수학적 진리를 들었는데 Frege에 의해서 수학적 진리가 선험적 종합적 진리가 아니고 분석적(Analyse) 진리라는 것이 증명된 것이다. 또 그 후 Wittgenstein은 이 점에서 출발하여 현대의 영미철학인 분석철학(Analytic-philosophy)을 창조하였다.

그러면 현대 수리 철학의 초석은 무엇인가?

현대 고등수학논리에는 Zermelo-Fraenkel 체계와 Von Neumann-Gödel 체계가 가장 널리 사용되고 있다. 1873년경 G. Cantor의 집합의 발견 이후로 Russel의 Paradox와 같은 논리적 모순들이 발생되었는데 이런 논리적 모순을 제기하기 위하여 Zermelo-Frankel 체계에서는 집합의 개념에 한정을 약간 두고(Axiom of Selection) Von Neumann-Gödel 체계에서는 Class 개념에 한정을 약간 둔다. (Class Axiom)

고등수학논리에 의하면 수의 개념을(Cardinal수, Ordinal 수) Cantor의 집합의 개념을 이용해서 논리적으로 전개하는데 대략 다음과 같이 시작한다.

$\Phi = \{ \ \}.$

$0 = \text{Cardinality} \{ \ \}$

$1 = \{\{ \ \}\}$

$2 = \{\{ \ \}, \{\{ \ \}\}\}$

$3 = \{\{ \ \}, \{\{ \ \}\}, \{\{ \ \}, \{\{ \ \}\}\}\}$

$\vdots$

즉, 공집합 Φ의 Cardinal수가 영(0)으로 규정되고 1은 공집합을 단일 원소로 한 집합의 Cardinal수이다. 2는 공집합과 1을 원소로 한 집합의 Cardinal수이다 등등……

여기서 주요시할 것은 이 논리체계의 초석이 바로 공집합에 있다는 것이다. 다시 한 번 요약해서, 현대과학의 중추인 수학의 바탕이 논리이고 수학 논리의 초석이 空집합이 되는 것인데, 그렇다면 결국 모든 것이 空으로 이루어진다고 말할 수 있지 않을까? 즉 空即是色(공즉시색)이 아닐까?

〈참고서적〉

1. The Foundations of Arithmetic, G. Frege.
2. Principia Mathematica, B. Russell, Whitehead.
3. Tractatus Logico-Philosophicus Remarks on the Foundations of Mathematics, L. Wittgenstein.
4. The Critique of Pure Reason, I. Kant.
5. Zermelo-Fraenkel Settheory, Haydon.

2. 상대성원리와 空(공)

뉴톤(고전)역학에 의하면 시간과 공간은 절대적이고 자연물리법칙이란
갈릴레오 변형

$$\begin{cases} R' = R - Vt \\ t' = t \end{cases}$$ 밑에서 변하지 않는 불변방정식이다.

예를 들어, 뉴톤의 제2운동법칙

F = ma와 그 갈릴레오 변형

F' = ma'는 꼭 같기 때문에 그것이 물리법칙인 것이다.

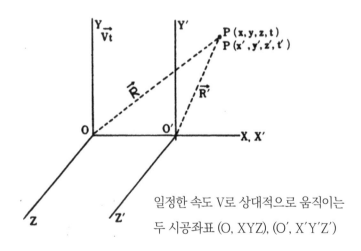

일정한 속도 V로 상대적으로 움직이는
두 시공좌표 (O, XYZ), (O', X'Y'Z')

현대물리는 1900년경 막스·프랑크의 획기적인 양자발견에서부터 시작되는데 양자 광자로 인한 여러 가지 문제들이 기존 물리이론 모순을 자아냈고 뉴톤역학의 제한성을 나타내었다. 1905년 아인슈타인은 특수상대성 원리를 발견하여, 뉴톤역학이 일반적으로 타당한 것이 아니고 Macro Scale 일부분에 해당하는 상대성 역학의 극한이라는 것을 증명하였다.

상대성 논리에 의하면 시간과 공간은 측정이 상대적인 것이고 물리법칙은 로렌스변형

$$
\begin{cases}
X' = k(X - Vt) \\
Y' = Y \\
Z' = Z \\
t' = k(t - \dfrac{VX}{C^2})
\end{cases}
\qquad
k = \sqrt{1 - (\dfrac{V}{C})^2}
$$

밑에서 불변하는 상형 방정식이다.

그 후 1916년에 아인슈타인은 평평한 시공(Minkowski Space, K = 0)에 국한된 특수상대성원리를 굴곡진 시공(Semi-Riemannian 4—Manifold)에 일반화시켰다. 일반 상대성원리는 Riemann-Christoffel Curvature Tensor라는 수학도구를 이용해야 되는 극히 난해한 원리인데, 그 결과는 다양한 것으로서, 한 예를 들어, 질량의 상대성은 원자핵폭발로서 증명이 된 셈이다. 그 외 몇 가지 재미있는 결과를 부기하면,

1) 로렌스단축

모든 물체는 고속도로 움직일 때, 그 움직이는 방향으로 길이가 줄어든다.

《증명》 자의 길이가 $X_1 \vdash\!\!\frac{\ell}{}\!\!\dashv X_2$

$X_2 - X_1 = \ell$, (0, XYZ) 좌표상

$X_2' - X_1' = \ell'$, (0', X'Y'Z') 좌표상일 때

로렌스 변형에 의하여

$X_1 = k(X_1' + Ut')$

$X_2 = k(X_2' + Ut')$

$\therefore X_2 - X_1 = k(X_2' - X_1')$

$\ell = k\ell'$

$$\ell' = \frac{\ell}{k} = \frac{\ell}{\sqrt{t - (\frac{V}{C})^2}}$$

즉, 0'에 위치한 사람이 잰 자의 길이는

0에 위치한 사람이 잰 자의 길이보다 짧다.)

2) 시간연장

시계가 고속도로 움직일 때 밖에서 보면 시간이 늦어진다는 것이다.

《증명》

$$t_1' = k(t_1 - \frac{VX}{C^2})$$

$$t_2' = k(t_2 - \frac{VX}{C^2})$$

$$\therefore \triangle t' = t_2' - t_1' = k(t_2 - t_1) = k \cdot \triangle t$$

$$= \frac{\triangle t}{\sqrt{1 - (\frac{V}{C})^2}})$$

3) 동시원칙

같은 시간이란 개념은 관찰자에 따사 상대적이란 것이다.

《증명》 0에 위치한 사람이 본 두 사건 :

$A(X_1, Y_1, Z_1, t_1)$,

$B(X_2, Y_2, Z_2, t_2)$이

0′에 위치한 사람이 보았을 때

$A(X_1', Y_1', Z_1', t_1')$

$B(X_2', Y_2', Z_2', t_2')$로 나타내면

로렌스 변형에 의해서

$$t_1' = k(t_1 - \frac{VX_1}{C^2})$$

$$t_2' = k(t_2 - \frac{VX_2}{C^2})$$

$$\therefore \ t_1' - t_2' = k(t_1 - t_2) + \frac{kV}{C^2}(X_2 - X_1).$$

0에서 본 사건 A와 B가 동시에 일어날 때,

즉, $t_1 = t_2$. 그러므로

$$t_1' - t_2' = \frac{kV}{C^2}(X_2 - X_1) \ \neq 0$$

즉, $t_1' \neq t_2'$. 0′에서 보았을 때 A와 B는 동시에 일어나지 않는다.)

[동시의 상대성]

0의 세계선(World Line)

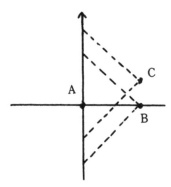

0′의 세계선

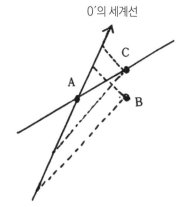

0의 위치에서는 사건 A와 B가
동시에 일어나고 사건 C는
미래에 일어남.

0′의 위치에서는 A와 C가
동시에 일어나고 B는 과거에
일어났음.

일반적으로,

$$\triangle t = \frac{t_1 - t_2}{2}$$

$$\triangle X = (\frac{t_1 + t_2}{2}) C$$

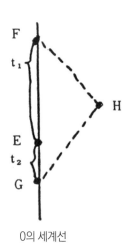

0의 세계선

같은 두 사건 A, B가 한 사람에겐 동시에 나타나고, 다른 사람에겐 A가 먼저 나타난 후 B가 나타나고, 또 다른 사람에 겐 거꾸로 B가 먼저 나타나고 A가 나타난다는 것은, 즉 과거, 현재, 미래라는 것이 관찰자에 따른 상대적이 되는 것이다. 이렇게 생각해 보면, 한 논리적으로 가능한 예를 들어, 딴 별세계인이 지구에서 일어나는 일을 관찰할 때 한 사람의 생애가 무덤에서 늙은 노인이 나와서 점점 젊어지고는 유아가 되어서 마지막에는 어머니 뱃속으로 들어가는 것이고 그 직전에 주위 사람들이 모여서 축하파티를 하는 것이 된다.[1]

반야심경에 의하면 우주의 본질은 空(공)이고 五蘊皆空(오온개공)[2] 空이 연기법[3](화엄경)에 의하여 다양으로 인연을 지으며 시간과 공간의 조건에 따라서 현상의 세계인 色(색)으로 나타난다. 또, 인간이 발심하여 마음을 완전히 비워서 성불하면 과거, 현재, 미래를 통해 끝없는 6계의 윤회를 피하고 열반의 경지에 들어가서 시간도, 공간도, 생사도 초월하고 우주와 나가 동체로 된다.

불교철학의 위대성은 시간과 공간의 측정이 뉴튼 역학에서처럼 절대적이 아니고 상대성 원리에서처럼 상대적이라는 것을 수천 년 전에 통찰한 것이다(시간과 공간이 절대적이라면 초월이 불가능함). 또, 시간과 공간이 서양철학과 고전역학에서와 같이 시계와 자로 재는 서로 아무 관계없는 이원적인 것이 아니고 상대적 원리에서와 같이 같은 척도(Semi-Riemann Metric(d-)^2 = gijd × id × j)로 잴 수 있는 일원적인 것을 일찍 파악한 것이다. 즉 色卽是空(색즉시공), 空卽是色(공즉시색)이 바로 이것이 아닌가?

────────────────────────────────

1) 'GEDANKEN' 실험

2) 오온개공의 논리적 해설은 1장에서 했음.

3) 3장에서 다룸

[참고서적]

1. An introduction to Tenser Calculus, Relativity and Cosmology. D. F. Lawden. 1982.

2. General theory of Relativity, P. Dirac, Wiley, 1975.

3. Tensor Geometry. Dodson × Poston, Pitman, 1984.

3. BELL의 定理(정리)와 緣起法(연기법)

아인슈타인의 상대성원리에 의하면 광속 C는 우주에 존재하는 모든 물질의 속도의 최대 극한이다. 즉, 다시 말해서 우주에는 광속보다 더 빠른 속도는 없는 것이다. 두 광선이 서로 정반대로 나갈 때에도 그 상대적 속도의 합이 상식과는 달리 C이라는 것이다.

〈증명〉로렌스 변형식을

$$X_1 = \frac{X - Vt}{\sqrt{1 - V^2 / C^2}}$$

$$Y' = Y$$

$$Z' = Z$$

$$t' = \frac{t_1 - \frac{VX}{C^2}}{\sqrt{1 - V^2 / C^2}}$$

미분하면 $dx' = \dfrac{dx - vdt}{\sqrt{1 - V^2 / C^2}}$

$$dy' = dy$$

$$dz' = dz$$

$$dt' = \frac{dt - \dfrac{V}{C^2}\,dx}{\sqrt{1 - V^2 / C^2}}$$

$$Ux' = \frac{dx'}{dt'} = \frac{Ux - V}{1 - VUx / C^2}$$

$$Uy' = \frac{Uy\sqrt{1 - V^2 / C^2}}{1 - VUx / C^2}$$

$$Uz' = \frac{Uz\sqrt{1 - V^2 / C^2}}{1 - VUx / C^2}$$

그 역변형식은

$$Ux = \frac{Ux' + V}{1 + VUx' / C^2}$$

S'-Frame상에서 광자가 X축의 양의 방향으로 광속 C으로 움직일 때, S-Frame상에서도 그 속도가 광속이다.

$$\text{즉, } Ux = \frac{C + V}{1 + CV / C^2} = C.$$

S'-Frame과 S-Frame의 상대적 속도가 V = C일 때,

$$Ux = \frac{C + C}{1 + C^2 / C^2} = C. \quad \text{QED}$$

고전역학을 대완성시킨 아인슈타인은 확률에 기초된 불확실한 양자역학적 세계관을 끝까지 용납하지 않고 Bohr와의 논쟁에서 양자역학 체계의 허점을 찾아내기에 애썼는데 그중에 제일 유명한 것이 Einstein-

Podolski-Rosen 가상적 실험 (Thought Experiment)이다.

이 EPR 실험은 Total Spin이 0인 Proton쌍의 Magnetic Momemt측정이나 Polarization-Correlated 광자쌍의 Polarity 측정을 하는 것인데 Matrix Theory를 사용하여 설명할 수 있지만 쉽게 대략 설명하면 다음과 같다.[1)]

지구와 화성에 관측기를 한 개씩 설치하고 그 중간에 있는 우주선에서 Polarization-Correlated 광자쌍을 일정한 시간 간격으로 그중에 한 개는 지구 방향으로 다른 한 개는 화성으로 계속 발사하면 다음과 같은 결과가 나온다.

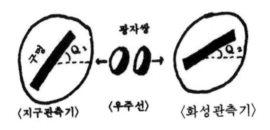

〈지구관측기〉　　〈우주선〉　　〈화성관측기〉

두 관측기의 각도 Q_1, Q_2가 같을 때는, 즉 그 차이가 $Q_1 - Q_2 = 0°$일 때는 지구 관측기에 광자가 나타날 때는 화성 관측기에도 광자가 나타나고, 안 나타날 때는 화성 관측기에도 안 나타난다. 즉, 두 관측기의 각도가 어느 방향으로나 같은 경우에는 두 관측기의 동치율이 100%이다.

같은 방향에서 지구 관측기만을 $L°$로 돌리거나 화성 관측기만을 $L°$로 돌릴 때는 두 관측기의 동치율이 50%가 된다.

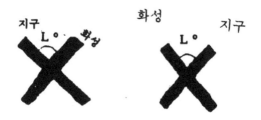

그런데 지구 관측기의 각도를 변경하는 것이 화성 관측기에 광자가 나타나는 율에 아무 연관이 없다는 가정을 하고, 지구에서 관측기를 시계 방향으로 L° 돌리고, 화성에서 관측기를 시계 방향 반대로 L° 돌려서 두 각도의 차이가 $Q_1 - Q_2 = 2L°$일 때는 두 관측기의 동치율이 67%보다 적어야 된다는 논리적 결론이 나온다.

실험결과는 이와 반대로 두 관측기의 동치율이 75%나 된다.

1964년 EPR 문제를 풀기 위해 노력하는 John Bell은 다음과 같은 획기적인 定理(정리)를 발견하였다.[2]

BELL의 定理(정리)

〈어떤 국부적인 실재(Reality)의 모델도 양자 물리적 현상을 설명할 수 없다. 즉, 실재는 전체적이다.〉

여기서 실재가 국부적이라는 말은 지구에 불이 나면 화성에는 아무 초광속적인 영향이 없다는 Locality법을 의미한다. 이 定理(정리)의 증명은 어느 명제나 그의 Contrapositive 명제와 동등하다는 논리법을 사용하는데 대략 다음과 같다. EPR 실험을 하는 데 있어서 실재가 국부적이라고 가정하면 논리적으로 Bell의 부등식 B ≦ L을 유도할 수 있다. 그런데 계속 실증되는 실험의 결과는 그 반대로 B 〉L이므로, 실재가 국부적이라는 가정이 잘못된 것이다. 즉, 실재는 전체적이라야 한다.

화엄경의 法界緣起說(법계연기설)에 의하면 우주에 있는 모든 것이 서로서로 交錯(교착)하고 유입하고 하여 一即多·多即一(일즉다·다즉일)인 重重無盡(중중무진) 현상(실재)을 이루고 있고 모든 것이 서로서로 연기로 얽혀있는 것이다.

BELL의 定理(정리)도 모든 것이 연관이 있다니 결국 이 기막히게 미묘한 緣起法(연기법)의 한 면을 증명하는 것이 아니고 무엇인가? 또 薰沙作飯(훈사작반)[3]과 같은 서양의 제윤리 체계들과 달리 바로 이 緣起法(연기법)이 윤리의 최상의 Raison d'etre(존재이유)가 된다는 것이 필자의 신념이다.

끝으로, 法性偈(법성게)의 한 구절을 인용한다.

眞性甚深極微妙(진성기심극미묘)

不守自性隨緣成(불수자성수연성)[4]

一中一切多中一(일중일체다중일)

一即一切多即一(일즉일체다즉일)

〈주〉

1) COSMIC CODE, H. Pagels, S & S.

2) QUANTUM THEORY AND MEASUREMENT, Wheeler and Zureck, Princeton.

3) 普照國師(보고국사)가 修心訣(수심결)에서 쓴 수식어.

4) 필자의 논문 「緣起(연기)와 自性(자성)」에 자세한 설명이 있음.

4. 양자역학과 空(공)

양자역학은 1900년에 Black Body Radiation을 연구한 독일 물리학자 Max Pianck가

$E = hv$, v = Frequency of Radiation

$h = 6.63 \times 10 - 27$ Erg. Sec.

(Planck 상수)

라는 획기적인 방정식을 발견한 것으로부터 시작되었다. 즉, 에너지 E는 고전물리이론과는 달리 연속적인 것이 아니고, 벽돌로 담 쌓는 것같이 量子(양자)라는 기본단위로 구성된 비연속적인 것이다.

양자역학 발전과정의 첫 단계(1900-1920)에서는 Einstein 의 光子(광자)를 사용한 Photoelectric Effect의 설명, N. Bohr의 태양계와 유사한 原子(원자) Model 등이 중요한 역할을 했다. 둘째 단계(1920-1929)에서는 1924년에 프랑스 물리학자 De Broglie가 철학적으로 매우 중요한

$$\lambda = \frac{h}{p}$$

라는 방정식을 발견하였는데, 이 방정식은 모멘트가 p인 입자의 파장은 λ라는 것이다. 즉, 광선의 입자성과 파동성을 연결하는 매우 중요한 방

정식이고 물질의 파동성을 제시하는 획기적인 발견이었다. 광선과 전자 Radiation이 어떤 조건하에서는 입자처럼 행동하고, 또 어떤 조건하에서는 입자가 파동처럼 나타나는 것인데, 그 두 상반되는 현상의 연관성을 이 방정식이 나타내는 것이다.

그 후, 독일 물리학자 W. Heisenberg는 Matrix Mechanics(1924-25)를 발견하여 처음으로 양자역학체계를 창조하였고, 또 획기적인 Uncertainty Principle(불확정원리)을 발견하여 Determinism(결정론)의 몰락을 초래시켰다.

Heisenberg 불확정 원리

$$(\triangle X)(\triangle P) \geq \frac{h}{2}$$

또는 $(\triangle E)(\triangle t) \geq \frac{h}{2}$

즉, 입자의 위치의 불확정도 $\triangle X$와 모멘트의 불확정도 $\triangle P$의 곱은 항상 일정한 량 $\frac{h}{2}$ 보다 더 적을 수가 없다. 에너지의 불확정도 $\triangle E$와 시간의 불확정도 $\triangle t$의 곱도 $\frac{h}{2}$ 보다 적을 수가 없다.

이 불확정원리는 고대로부터 서양철학사에서 전통적으로 중요한 역할을 한 결정론을 결정적으로 부정하는 매우 중요한 결과를 초래하였다.

Heisenberg와 같이 양자역학 체계의 창조자로 알려진 E. Schrödinger는 1926년에 Matrix Mechanics와 동등한 Wave Mechanics을 발견하였는데, 특히 그의 Schrödinger 방정식

$$\frac{\partial^2 \phi}{\partial x^2} + \frac{\partial^2 \phi}{\partial y^2} + \frac{\partial^2 \phi}{\partial z^2} + \frac{2m}{h^2}(E-U)\,\phi = 0$$

[Stationary State]

은 양자역학에서 가장 긴요하게 쓰이는 도구이다.

ϕ의 물리적 의미는 1926년경에 M. Born의 확률적 해석으로 결정되었는데, 입자를 dxdydz의 부피 속에서 발견할 수 있는 확률이 $\phi^*\phi$ dxdydz라는 것이다. 즉, 입자의 상태는 그 파동함수 ϕ로 나타낼 수 있고, 이와 같은 확률적 해석은 고전역학의 물리체계의 결정적 해석을 붕괴시키고 현대 물리의 확률적 토대를 강조하는 것이다.

셋째 단계(1930-)에서는 P. Dirac이 상대성원리를 양자역학에 적용하여 상대성 양자역학을 창조했고, 그의 저서 The Principles of Quantum Mechanics(Oxford Univ. Press, 1930.)를 통해서 양자역학 체계를 물리적 체계로 발전시켰다.

그 후 수학자 Von Neumann은 그의 저서 Mathematical Foundations of Quantum Mechanics(Princeton Univ. Press, 1955.)를 통해서 양자역학을 논리적으로 확고한 수학적 토대에 올려놓았다.

〈有와 無와 空〉

최근에 발전된 입자물리학(Particle Physics)의 가장 기초적 원리를 열거하면

1) 물질의 변화성

2) 충분한 에너지를 공급하면 쭁(Vacuum)에서 입자와 그 역입자를 창조할 수 있다.

2)를 철학적으로 표현하면, 즉 空에서 有를 창조할 수 있다는 것이다.

[空 → 有]

또 그와 반대로, 예를 들어 전자(Electron)와 양전자(Positron)의 충돌에서처럼 입자와 그 역입자가 충돌할 때 에너지의 발생과 동시에 有가 無(空)로 변하는 것이다.

[有 → 空]

이와 같은, 空 → 有 → 空의 과정은 黑穴(Black Hole) 주위에서 창조되는 Quantum 입자와 그로 인한 흑혈의 승화에서도 관찰할 수 있는 현상이다.[1]

이미 空卽是色(공즉시색), 色卽是空(색즉시공)의 진리는 2장에서 상대성원리적으로 검토해 보았지만 또 위에 기술한 바와 같이 양자물리적으로도 확증되는 진리인 것이다.

그러면 空과 有와 無의 논리적 관계는 어떤 것인가?

필자의 견해로서는 空은 有(Being)와 無(Non-Being)의 바탕(근원)이고 다음과 같은 논리적 관계가 형성한다.

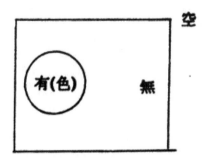

(위의 그림과 Boolean Algebra의 그림과의 차이점에 주의할 것.)

불교사상 위의 관계를 지지하는 구절을 몇 개 인용하면, 첫째로, 唯識(유식) 철학의 대가인 圓測法師(원측법사)의 선고심경찬(般苦心經贊) 중에

空不違有(공불위유) 即空之理(즉공지리) 非無(비무)
有不違空(유불위공) 即色之說(즉색지설) 自性(자성)

둘째로, 원효대사의 大乘起信論疏(대승기신론소)[2] 중에

引之於有(인지어유) 一如用之而空(일여용지이공)
獲之於無(획지어무) 萬物乘之而生(만물승지이생)

특히, 多心經(다심경)의

色不異空(색불이공) 空不異色(공불이색)
色即是空(색즉시공) 空即是色(공즉시색)

원효대사가 大乘(대승)의 몸을 空菽冲玄(공숙충현)이라고 묘사한 것은 진실로 그가 이미 1,300년 전에 최현대적인 空의 진리를 각성했었다는 증명이라고 할 수 있다.

<주>

1) SPACE, TIME AND GRAVITY, R. Wald, Univ. of Chicago Press.
2) 박성배 교수, 〈원효의 대승기신론 소강의〉, 원각 12호.

5. 우주론(Cosmology)

　최근의 우주만물론에 의하면 우주의 근원은 순수 時空(시공) (Pure Space-Time)의 진동(Vacuum Fluctuation)이라는 것이다. 즉, 空(Vacuum)의 양자적 변동(Quantum Transition)으로 창조된 우주(有)는 그러면 과연 어떻게 발전되어 왔으며 또 어떻게 진전될 것인가? 이 문제야말로 궁극적인 문제일 것이고, 그 답인 우주 발전법은 과연 궁극적인 답일 것이다.

　여기서 필자가 강조하고 싶은 것은 이 궁극적인 문제의 궁극적인 답도 바로 空에 있다는 것이다. 이것이 필자의 결론이자 굳은 신념이다.

　현대우주론의 물리적 바탕은 2장에서 다룬 상대성 원리와 4장에서 다룬 양자물리와 더불어 수학의 Lie Group Theory이다. 특히 우주발전법은 Symmetry Breaking(対称破壊(대칭파괴))에 초점을 두는데 対称(대칭)을 다루는 데에는 Lie Group Theory[1]가 가장 적합한 수학적 도구인 것이다.

　19세기에 Maxwell이 전기론과 자석론을 단일화한 후부터 단일장론 (Unified Field Theory)의 발전과정에서 Weak Interactions을 설명하는 데는 The Special Unitary Group(2)가, Strong Interactions를 설명하는 데는 SU(3)가 각각 사용되고 Weak, Strong, Electromagnetic 力(력)들을 단일화하는 Grand Unified Theory에는 Gauge Symmetry가 사용되고, 또 Gravity를 포함해서 우주에 실재하는 모든 4가지의 力(력)을 단일화하는 노력에는 가장 対称(대칭)수가 많은 Super-String Theory가 오늘날 사

용되고 있다. 이것은 아직 미완성된 이론이지만 여기서 우리가 주목할 것은 対称(대칭)이 우주의 창조와 발전법의 열쇠가 된다는 것이다.

그럼 가장 対称的(대칭적)인 개념은 무엇인가?

혹자는 圓(원)이나 球(구)라고 할 것이다. 하지만 圓(원)이나 球(구)는 안과 밖이 있고 완전한 対称(대칭)은 아닌 것이다. 필자의 견해로서는 空이 가장 완전한 対称(대칭)이다.[2]

즉, 空即是無缺対称(공즉시무결대칭)
　完全対称即是空(완전대칭즉시공)

〈주〉

1) GROUP THEORY AND ITS APPLICATIONS, E. Wigner, ACAD. Press, 1959.
2) 이것은 수학적 개념이 아니고 불교적 개념이라는 것을 명기한다.

6. 결론(眞空妙有(진공묘유))

태초에 空(공)이 있었다.

空即完全対称(공즉완전대칭)의 진동(Quantum Transition)에서 有가 창조되었고 対称破壊(대칭파양, CP Violation)로 宇宙가 발전되었다.

空 → 有 → 空의 윤전은 시말 없이 영원히 계속 되나니, 易(역)에서는 이 과정을 乾神(건곤)의 元(원)을 쌓는 數(수)라 일컫는다.[1]

〈주〉

1) 이것은 필자의 주관적인 易(역)의 해석이라는 것을 명기한다. 필자의 「易(역)에 □(대)한 少考(소고)」는 가까운 장래에 발표될 것이다.

부록

1

Indian Journal of Mathematics
Volume 52, 2010 (Supplement)

ISSN 0019-5324

Proceedings
Third Dr. George Bachman
Memorial Conference

Editors
G. D. Dikshit
Edward Beckenstein
Mona Khare

Organizers
Charles Traina
Edward Beckenstein

Held at
Department of Mathematics and Computer Science
The Manhattan Campus, St. John's University, NY, USA
(June 12-13, 2010)

Sponsors
Department of Mathematics and Computer Science
St. John's College, St. John's University, NY, USA

MASTER EQUATION IN INDUSTRIAL ECOLOGY

Moon W. Kim

Department of Mathematics
and Computer Science
Seton Hall University
S. Orange, NJ 07079
E-mail: kimmoon@shu.edu

Anyone who reads the latest issues of Journals such as <Environmental Science and Technology> will easily be convinced that pollution control in this century is more of an economic-political problem than a technological one, since efficient PCDs(pollution control devices) such as Bio-filtration systems, Thermal Oxidisers, Catalytic Oxidisers, Wet and Dry Scrubbers and Carbon Systems already exist. Reductions of various pollutions in the range of 90-95% are now possible if appropriate funds are available.

The Master Equation which is a conceptual frame rather than an exact equation can be used to turn the global pollution control problem into a constrained min-max optimal control problem of utmost complexity [1]. However, in this short paper, we will take an economic perspective only and develop a rule of the thumb formula for the cost of pollution reduction that statesmen of the world can understand and hopefully use to make funds available.

It must be mentioned that there is a trade off between applicability and sophistication of mathematical models [2]. We want to emphasize here that both the description and the prescription of the global environmental pollution can be simply expressed by a schematic diagram of the relationship between the level of technological development and that of the environmental pollution in history [3].

Environmental Impact I(t)

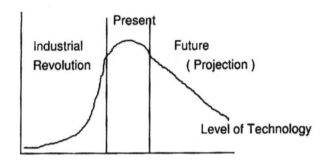

[The hoped-for projection into the future]

The Master Equation used to be called IPAT. i.e.,

(Environmental) Impact = P(opulation) × A(ffluence) × T(echnology

coefficient).   (I)

To go from description of environmental impact to prescription of the problem, we will first introduce several parameters $\alpha\ \beta\ \lambda\ M$ into the equation and make it dynamic by replacing T by $\frac{T(t)}{f(M)R(t)}$ i.e., we have $I = I(t, \alpha, \beta, \lambda, M)$.

Here,

α : the proportionate growth rate of population $P(t)$.

β : the proportionate growth rate of $G(t)$.

       (use Gross World Product instead of Affluence).

λ : rate of research advance.

M : amount of fund applied to pollution control.

$R(t)$: level of research in pollution control.

$f(x)$: a monotone increasing function to be determined in (VI).

It is reasonable to assume that environmental impact I is inversely proportional to the increasing amount M of fund applied to pollution control devices and the introduction of M will enable us to quantify the solution economically.

The first factor $P(t)$, the size of the world population at time t, is obviously the primary cause for pollution: the more people there are, the more food and energy they need. Hence, the more pollution is created. According to P. Harrison's statistics [4], the average North American produces in a lifetime a monument of waste amounting to about 4000 times body weight. Each person in the Western world is responsible for CO_2 emissions with carbon content on average 3500 times body weight.

$P(t)$ is expressed as a solution of the Logistic equation:

$$P(t)' = rP(t) \cdot (1 - \frac{P(t)}{C(t)})$$

(For constant C, the solution is)

$$P(t) = \frac{C}{1 + Ae^{-n}} \qquad \text{(II)}$$

However, the carrying capacity $C(t)$ is variable and the projections of $P(t)$ based on constant C is highly suspect. The determination of tKe carrying capacity of the Earth for the human race is the most important open problem that appears now to be political, economic and religious, but should be fundamentally ecological.

For our purposes, we will assume $P(t)$ is still growing exponentially at the rate α i.e.,

$$P(t) = Pe^{\alpha t} \qquad p = P(0).$$

As for the second factor $G(t)$, Gross World Product or any appropriate sector of it, Various neo-classical models of economic growth, Cobb-Douglas, Harrod-Domar, etc. [5] may be used.

Here we will simply assume it is growing exponentially at the rate β.

$$G(t) = ge^{\beta t} \quad \bullet \quad g = G(0).$$

Unfortunately, at the present, research and information on the functional relationship between $P(t)$ and $G(t)$ is scarce. We cite only one such result: Under the assumption of the balanced growth path, Razin and Sadka [6] derived a direct formula for the per capita growth rate g of GDP in terms of the population growth rate n.

$$g = [\beta(1+n)^{\alpha-1}\gamma]^{\frac{1}{1-\gamma}} - 1 \qquad \text{(III)}$$

$$\alpha \geq 1, \, g\uparrow, \, n\uparrow.$$

$$\alpha \leq 1, \, g\downarrow, \, n\uparrow.$$

$$\alpha = 1, \, \text{benchmark}$$

$$\text{no correlation}$$

However, the real growth paths of the World population and the gross World product are highly likely to be unstable, if un-interrupted, and are thus far from any balanced growth path. That renders Formula III inapplicable in real world situations.

The third factor, the technological coefficient $\frac{T(t)}{f(M)R(t)}$ is obtained from a simplified mathematical model of Technological progress:

Assume the level of Research in terms of personnel and fund grows at the exogenously given rate λ.

i.e.,

$$R(t) = R(0)e^{\lambda t}.$$

The technological exploitation of research results takes time and money and it is reasonable to postulate that the rate of technological progress is an increasing function $f(M)$ of money and of the gap between the research level and the technology level.

$$T'(t) = f(M)(R(t) - T(t))$$

$$T(0) = \tau. \tag{IV}$$

Equation (IV) is an ordinary differential equation of the first order and we can show by a simple asymptotic analysis that the solution $T(t)$ is a fraction of $R(t)$:

The solution

$$T(t) = \left(\tau - \frac{f(M)}{f(M) + \lambda} R(0) \right) e^{-f(m)t} + \frac{f(M)}{f(M) + \lambda} R(0)e^{\lambda t} \tag{V}$$

Therefore, $\frac{T'}{T} = f(M)(\frac{R-T}{T}) \to \lambda$ as $t \to \infty$. So,

$$F(M)(R - T) = \lambda T$$

$$T = \left(\frac{F(M)}{F(M) + \lambda} \right) R$$

i.e., $T(t) = aR(t)$ for some $0 < a < 1$.

We can find in the classical Von Neuman model of an expanding economy one of the first results relating the growth factors β and λ [7]. Other important results have appeared since then but we have not found any specific functional relations between them that we can use for our purposes.

The only practical methods for reducing environmental impact of global pollution are either by proscribing legally certain practices such as denuding forests, using certain chemicals and manufacturing nuclear weapons, or by purchasing and using PCDs. Introduction of money into the Master equation enables us to quantify any economic solution using PCDs.

Since we have expressed all other factors of the Master equation in exponential form, it is desirable to obtain an exponential form of the cost of reducing pollution. This will facilitate all comparisons of the control parameters.

Based on the high efficiency (90-95% reduction) of many of these PCDs now available. We propose for $f(M)$ the following formula:

$$f(M) = e^{-t\ln[1-x(1-\delta)]}$$

$$0 \le M \le A, \qquad x = \frac{M}{A} \tag{VI}$$

$1 - \delta$: efficiency level of a PCD, δ small.

A : amount of fund necessary to install a PCD universally

M : amount of money available.

This is obtained by assuming $f(x) = e^{tp(x)}$, where

$$P(x) = \ln \left(\frac{1}{1 - x(1 - \lambda)} \right) \tag{VII}$$

$$0 \le \delta, x \le 1.$$

Alternatively, we can obtain similar results by applying a variant method of exponential fit of damped cubic Splines. [8] (Note that we can improve formula VI but it will do for a simple rule of the thumb estimate.)

Finally, we combine all the factors explained above and obtain the following generalized form of the Master Equation in ecology.

$$I(\alpha, \beta, \delta, \lambda, M) = \frac{pe^{\alpha t}ge^{\beta t}\tau}{e^{\lambda t}e^{-t\ln[1-x(1-\delta)]}} \approx \frac{pe^{\alpha t}ge^{\beta t}\tau}{e^{\lambda t}e^{tx(1-\delta)}} \tag{VIII}$$

$$x = \frac{M}{A}$$

$$0 \leq x, \delta \leq 1.$$

The environmental impact I will be reduced if $\alpha + \beta < \lambda - \ln[1 - x(1 - \delta)]$. By use of the Taylor expansion of ln we obtain the following useful inequality:

$$\alpha + \beta \leq \lambda + x(1 - \delta), \, 0 < x, \delta < 1. \tag{XI}$$

In the following, we illustrate its use by two practical examples.

Example A. (CLEAN COAL SCRUBBER)

There are approximately 2,000 Portland cement kilns in the world. These kilns emit An estimated 2,000,000 tons/yr of SO_2 into the air. A PTR Scrubber can accomplish 90-95% reduction using high-sulfer coals. Each scrubber costs about $10,000,000. (Here we will ignore operating and maintenance costs.)

Total amount A necessary to equip all kilns with a PTR Scrubber=20 billion dollars. Assume the money M available today for reducing pollution is, say, 4 billion dollars.

$$I(\alpha = \text{constant}, \beta = \text{constant}, \delta = 10\%, x = \frac{4}{20}) = \frac{pgt}{e^{0.18}} = 0.84pg\,\tau,$$

since

$$e^{(1-0.1)0.2} = e^{0.18}.$$

So, the environmental impact I due to SO_2 is reduced about 16%.

Example B. (World Carbon Dioxide Emissions) [9].

Carbon dioxide emissions (million metric tons)

Year	1990	2001	2010	2025
Total world	5,872	6,522	7,685	10,361

Total Population of the World by Decade,
(historical and projected)

Year	Total world population (million)	Ten-Yea growth rate(%)
1950	2,556	18.9
1960	3,039	22.0
1970	3,706	20.2
1980	4,453	18.5
1990	5,287	15.2
2000	6,082	12.6
2010	6,848	10.7
2020	7,584	8.7
2030	8,246	7.3
2040	8,850	5.6
2050	9,346	–

From the world population data and the world carbon dioxide emissions data, we get by the method of exponential fit or by averaging,

$$\alpha = 1.26\%$$
$$\beta = 1.6\%.$$

Assume that the GWP is 50 trillion dollars now and, say, 8% of it is from economic sectors responsible for creating CO_2 emissions. i.e., $G = 0.08(50) = 4$ Trillion dollars. Assume further, say, 6% of G is necessary for eliminating various kinds of CO_2 pollutions by installing high efficiency PCDs available now. Then A = 0.06(4) = 240 billion dollars.

To reduce environmental impact $I(t)$ due to CO_2 pollution, we have to make

$$\alpha + \beta < \lambda + x(1 - \delta).$$

So,

$$2.86\% < 0.9x$$

(λ does not play any role here since we have to use ready-made technology). Since $x = \frac{M}{A}$, $M > (0.0286/0.9)(240) = 7.63$ billion dollars. This is the minimum desirable amount the world should spend for PCDs to keep the impact $I(t)$ at the current level now. At $M = 24$ billion dollars, $x = 0.1$. If the efficiency of PCD is 90% ($\lambda = 10\%$), then the impact $I(t)$ due to CO_2 pollution will be reduced by about $\frac{1}{e^{(0.1)(0.9)}} = 0.91$. That is 9% reduction. At $M = 100$ billion dollars, $x = 0.42$ and the approximate reduction is 31%. Etc.

Of course, coefficients p, q and τ should first be adjusted to fit the real world data if more accurate estimates are desired.

References

[1] Moon W. Kim, A more extensive optimization model will be developed elsewhere. For ecological principle of coprosperity, sec <Principle of Coprosperity> (in Chinese), New Star Publishers, Beijing, (1988).

[2] W. Gurney and R. Nisbet, Ecological Dynamics, Oxford U. Press, (1998). W. Washington and C. Parkinson, University Science Books, (1986).

[3] T. Graedel and B. Allenby, Industrial Ecology, AT & T, (1995).

[4] P. Harrison, The third Revolution, Tauris, London, (1992).

[5] G. D. Gale, McGraw-hill, (1960).

[6] A. Razin and E. Sadka, Population Dynamics, MIT, (1995).

[7] J. Von Neumann, A Model of General Economic Equilibrium, Rev. Economic Studies 13(1945), 1-9.

[8] Burden and Faires, Numerical Analysis, Brooks/Cole, (2001).

[9] U. S. Census Bureau, Energy Information Administration.

2

MASTER EQUATIONS IN ENVIRONMENTAL ECOLOGY

Moon W. Kim

Abstract - In this brief expository note, most important master equation, in environmental ecology are listed. A new generalized master equation in industrial ecology that can be used to estimate the economic cost of pollution is introduced at the end.

Index Terms - Master Equation, Ecology, Pollution

Large scale computer simulations of mathematical models are extensively used in the study of ecological problems of the Earth. Macro problems such as the greenhouse effect, the destruction of the ozone layer, the spread of agro-chemicals and the projection of the size of human population are very complicated problems that will require concerted efforts of the best scientists of the world for their solution and control in the new century. In this brief expository note, we will list and discuss several mathematical equations that are most important in this new emerging field. A new generalized master equation in environmental ecology that can be used to gauge the economic magnitude of pollution problems will be introduced at the end.

In the study of the green house effect, the global wanning potential for any compound I is derived by the formula:

$$\mathrm{GWP(I)} = \frac{\int_0^n a(I)c(I)dt}{\int_0^n a(CO_2)c(CO_2)dt} \qquad \text{(I)}$$

where :

a(I): The instant radiative force due to a unit increase in the trace gas I.

C(I): Concentration of the trace gas I remaining t years after its release.

N: Number of years (Time horizon: 100 years)

CO_2: The gas of reference.

In the study of the destmetion of the ozone layer, the ozone depletion potential for any compound I is derived by the following formula: [1]

$$\mathrm{ODP(I)} = \frac{\iiint_{zst} [do3(z, s, t)](I)\cos(s)dtdsdz}{\iiint [do3(z, s, t)]CFC11\cos(s)dtdsdz} \qquad \text{(II)}$$

where is the altitude, s is the latitude, t is time, CFC11 is Chlorofluoro-carbon 11, do3 is the change in Ozone at steady state per unit mass emission rate.

That is, ODP is a fraction of volume integrals and computer model computations and numerical analysis are essential

In the study of the future projections of the world population, the well-known Logistic Equation is used:

$$\frac{dN}{dt} = N(a - b\frac{N}{C}) \qquad \text{(III)}$$

Where:

N = N(t) is the number of the world population at time t.

A is the rate of growth without environmental influences.

B is the effect of increased population density.

C is the carrying capacity of the population.

Population dynamics [2] is the most important branch of ecology since the pressure of exploding growth in world population is the main culprit in all kinds of pollution of our environments. We want to point out that the ultimate problem of determining the carrying capacity of the Earth for human beings is the most challenging one that will require political as well as economic resolutions.

In the study of oceanic circulations, the following thermodynamic Equation for oceanic quasi-geostrophic motions is commonly used.

$$\frac{\partial}{\partial t}(\frac{\partial \varphi}{\partial z}) + V \cdot \nabla(\frac{\partial \varphi}{\partial z}) + \frac{g\alpha}{f_0}\frac{\partial \bar{T}}{\partial z}w = 0 \tag{IV}$$

φ: Vohime transport function.

V : Velocity.

T : Temperature.

f_0: Coriolis constant.

α : Thermal expansion coefficient.

$$g = -\frac{1}{p}\frac{dp}{dz} : \text{p is density, p is pressure.}$$

Examples of simulations of the Atlantic and the global ocean circulations and much more can be found in [3]. Global distribution of simulated streamlines of volume transport in the oceans are found in Cox [4].

In the study of environmental impact of industrial pollution, agrochemical pollution, acid rain and pollution of the seas, the following master equation is of fundamental importance:

$$I(t) = P(t) \times G(t) \times T(t) \tag{V}$$

Where:

$I(t)$ is the environmental impact at time t.

$P(t)$ is the size of the world population.

$G(t)$ is the per capita Gross world product at time t.

$T(t)$ is the technology coefficient.

Since we have efficient technologies to decrease pollution in most areas, the most urgent practical problem we face now is the estimation of cost of pollution. To obtain a first-order approximation to the cost of environmental clean-up, we may use the following generalized form of $I(t)$[5].

$$I(\alpha, \beta, \delta, \lambda, \tau, M) = pe^{\alpha t}ge^{\beta t}\tau/e^{\lambda t}e^{(1-\delta)x+1.5x^3} \tag{VI}$$

$x = M/A$

$0 < x, \delta < 1$

α : the growth rate of $P(t)$.

β : the growth rate of $G(t)$.

$1 - \delta$: the efficiency rate of PCD.

λ : the rate of technology advance.

τ : the technology coefficient at time t.

M : amount of fund available for a particular pollution control device .

A : amount of fund necessary to install a PCD universally.

(VI) is obtained by replacing $T(t)$ in(V) with $T(t) / f(x)R(t)$ and by assuming

$f(x) = e^{p(x)}$, where $p(x) = (1 - \delta)x + bx^2 + cx^3, p(0) = 0, p(1) = 2.5 - \delta.$

And also by applying a variant method of exponential fit of clamped cubic splines[6].

In the following, we illustrate its use by two real-life examples.

EXAMPLE A (World Carbon Dioxide Emissions)[7].

Carbon dioxide emissions (million metric tons)(3)

Year	1990	2001	2010	2025
Total world	5,872	6,522	7,685	10,361

Total Population of the World by Decade,
(historical and projected)

Year	Total world population (million)	Ten-Yea growth rate(%)
1950	2,556	18.9
1960	3,039	22.0
1970	3,706	20.2
1980	4,453	18.5
1990	5,287	15.2
2000	6,082	12.6
2010	6,848	10.7
2020	7,584	8.7
2030	8,246	7.3
2040	8,850	5.6
2050	9,346	−

We will assume that CO_2 emission is proportional to per capita WGP. From the world population data and the world carbon dioxide emissions data, we get by the method of exponential fit or by averaging,

$$\alpha = 1.26\%$$
$$\beta = 1.6\%.$$

Assume that the GWP is 50 trillion dollars now and, say, 8% of it is from economic Sectors responsible for creating CO_2 emissions. Ie, $G = 0.08$ (50) = 4 trillion Dollars. Assume fiirther, the cost of installing high-efficiency PCDs in all industrial Sources of CO_2 emissions to be, say, 240 billion dollars. (This amount may be obtained by taking a census of all industrial pollution sources). To reduce the environmental impact $I(t)$ due to CO_2 pollution, we have to make

$$\alpha + \beta < x(1 - \delta) + \lambda.$$

So, $2.86\% < x(1 - \delta)$. (λ does not play any role here since we have to use ready-made technology)

Since $x = M/A$, $M > 0.0286(240)/0.9 = 7.63$ billion dollars. This is the minimum amount the world should spend for PCDs to keep the impact I (t) at the current level. At $M = 24$ billion dollars, $x = 0.1$. If the efficiency of PCD is 90%, then $\dfrac{1}{e^{(0.1)(0.9)}} = 0.91$ and $I(t)$ due to CO_2 pollution will be reduced by 9%.

At $M = 100$ billion dollars, it will be reduced by 31%. Etc.

EXAMPLE B (I.M.F. Growth Forecasts for 2010)[8].

The International Monetary Fund's latest assessment of the global economy was released on July 8. Its global growth forecast for 2010 is $\beta = 4.6$ percent. The growth rate of the world population is $\alpha = 1.2$ percent.

So, using these numbers, we get

$$5.8\% < 0.9x.$$

$$240(\frac{0.058}{0.9}) < M$$

$$15.47 < M.$$

That is, the world needs to spend about 15 billion dollars to maintain the cunent level of CO_2 pollution which is just one factor of the global wanning.

Of course, if more accurate estimates are desired, coefficients p, q, τ should first be adjusted to fit the real world data.

References

1. Industrial Ecology, T. Graedel & B. Allenby, AT&T, 1995.
2. Population Dynamics, A. Razin & E. Sadka, MIT, 1995.
3. An Introduction to Three -dimensional Climate Modeling, W. Washington & C. Parkinson, University Science Books, 1986.
4. A baroclinic numerical mode! of the world ocean, National Academy of Sciences, M. D. Cox, 1975.
5. Moon W. Kim, Master Equation in Industrial Ecology, Indian Journal of Mathematics Vol 52,2010 (Supplement: the Proceedings of Bachman Memorial Conference III)
For ecological Principle of co-prosperity, see Ecology of Co-prosperity (in Chinese), Moon W. Kim, New Star Publishers, Beijing, 1988.
6. Numerical Analysis, Burden & Faires, Brooks/Cole, 2001.
7. U.S. Census Bureau, ENERGY Information Administration.
8. New York Times. July 9, 2010.

Author Profile:

Moon W. Kim got his PhD in Mathematics at Polytechnic Institute of New York University. He had done research at Bonn Universitat, London School of Economics, Harvard University and Princeton University and had published papers in the field of Spectral theory, Game theory and Mathematical ecology. His publications include <Principle of Eco-Prosperity>, New Star Publishers, Beijing.(1988).

He taught at Polytechnic Institute of New York University and has been teaching in the department of Mathematics and Computer Science of Seton Hall University, S. Orange, NJ, USA. Prof. Kim is a member of American Mathematical Society and AAUP.

kimmoon@shu.edu

3

KOREA ON MY MIND

0 ∞ 0

Moon Uk Kim, Ph.D.
Senior Fellow I Asia Center
Seton Hall University
USA

PREFACE

Since I was bom in Korea, it is natural that Korea has been and will be on my mind all my life. But I have been educated and have lived all my adult life in the United States and in Western Europe, which has fortunately allowed me to acquire an objective historical perspective on the problems facing the old country from a safe distance. Of course, to know an unvarnished historical truth about Korea* in the twentieth century, I had to spend many a day researching documents in university and national libraries all over the world. Also, I have frequently paid visits to East Asia in the last several decades to talk with people who have witnessed the recent history.

The writings in this brief booklet include a few distilled reflections on Korea today and reviews of several important books on the tragic fate of the Korean people in the twentieth century.

"Tragic," because Koreans in the twentieth century have not been masters of their country's destiny for the longest period in their 1400-year continuous history as a unified state.

Let my long-suffering Korean contemporaries see the day of unification of Korea soon, no matter where they happen to have settled in the world. Let their long suffering come to a close as the most tragically turbulent century in history for them does.

Moon Uk Kim
The British Library
London, England, 1997

* Read Albert Einstein's remark on historical truth in [The Korean war, Channing Liem].

KOREA ON MY MIND

<Knowing Korea Out of 'Haan'>

I am in mourning for an old Korean mother who has recently passed away in the United States. She was a friendly neighbor, but that's not why I mourn so deeply. I grieve in the pain, because what I saw hovering over her serene repose in the coffin was the face of 'Haan,' the excruciating Korean Agony, refusing to go away.

The 20th century has proven to be an extraordinarily trying period for the Korean people, for it has been impossible for Koreans to be Koreans. Like all Koreans in her generation, this old Korean mother was born a subject of a Japanese emperor, an honor only a handful of Japanese collaborators cherished among thirty million Koreans. When Japan was defeated in World War II in 1945, the victorious world powers U.S. and U.S.S.R. decided to occupy one-half of Korea each in the name of liberation and then immediately engaged in a power struggle against each other for the domination of the World thus sacrificing three generations of the Korean people on the alter of the Cold War. The devious manipulations of these occupiers of Korea had made the Korean civil war between the North and the South inevitable, which was promptly turned by them into an international crusade for the super power interests. [3,4,5]

The Cold War has lasted for almost fifty years and has recently been declared over by a U.S. president. However, the excruciating Korean Agony of involuntarily split families remains the same today after all these years.

For the record, Mrs. Park Jung Ja was bom in Seoul, Korea in 1921. She and her infant daughters were involuntarily separated from her husband in 1950 during the turmoil of the Korean war. She was 29 years old then and ever since, she had been waiting daily for forty-four years for a reunion with her husband or any news about him until she passed away on November 21, 1994.

In the name of Mrs. Park Jung Ja and millions like her, I would like to appeal to all people, Korean and non-Korean, who value justice and peace in the world. An historically unprecedented cruel injustice has been done to millions of split Korean families. Let us work for reuniting the Korean people, because it is the only way to dissolve their 'Haan," the excruciating agony that is refusing to go away.

ÉCRASEZ HAAN!

REFERENCES

1. Ambrose, Stephen. Rise to Globalism. Penguin Books, 1971.
2. Donovan, Robert J. Tumultuous Years, the Presidency of Harry S. Truman, 1949-1953. Norton, 1982.
3. Grenville, J.A.S. A History of the World in the Twentieth Century. Harvard University Press, 1994.
4. Peffer, Nathaniel. The Far East. University of Michigan Press, 1958.
5. Purifoy, Lewis. Harry Truman's China Policy. New Viewpoints, New York, 1976.
6. Williams, W. The Tragedy of American Diplomacy. Dell Publishing, 1972.

Book Review

The Korean War, An Unanswered Question
By Dr. Channing Liem,

1992

Committee for a New Korea Policy

33 Central Ave., Albany, New York, 12210

Ambassador Channing Liem, who passed away a few years ago, was an internationally known Korean scholar and diplomat who had devoted his whole life to die peaceful reunification of Korea. He had also fought indefatigably for the democratization of South Korea. The publication of this important book, which is largely based on personal accounts he eye-witnessed and on expert research from a political insider's point of view is his final contribution to the true history of the Korean people.

Dr. Liem was bom in Korea in 1909 and graduated from Soong-sil College in 1930. After seeking refuge in the U.S. from Japanese rule, he attended Lafayette College and Princeton University, where he earned his Ph.D. in Political Science in 1945. He returned to Seoul in 1948 as an advisor to the American Military Government and as the secretary to Suh Jae Pil who was Chief Advisor to General Hodge. Dismayed by the partitioning of Korea, which was the result of the U.S. support of "their fair-haired boy" Syngman Rhee, he returned to the U.S. and waged an overseas campaign against the Rhee dictatorship.

Following the overthrow of Rhee by the April 1960 student uprising, he served as Korean Ambassador to the United Nations in the Chang Myon government. He resigned in protest after the Park Chung Hee military coup and led opposition to U.S. support of the Park military dictatorship.

Dr. Liem taught political science at Princeton University and later at the State University of New York at New Paltz. He was also an ordained minister and served once as the Pastor of the Korean Methodist Church and Institute in New York City after graduating from the New York Theological Seminary.

This book is a gold mine for historical nuggets not found anywhere else. For instance, we learn that Dr. Liem met and enlisted the help of Dr. Albert Einstein - his world famous colleague at Princeton - for the Korean cause for independence, "...their view was clearly echoed by Prof. Albert Einstein. During a visit with him in 1955, which unfortunately turned out to be my last, the noted scientist commented that in his view the United States was manipulating the UN for its benefit. He added that the world organization was being exploited by the great powers at the expense of the small nations. He asked me whether I had read The Hidden History of the Korean War by I.F. Stone. When 1 answered that I had and found it an excellent research, he was pleased. He went on to say great powers do not act on the basis of facts only but manufacture the facts to serve their purposes and force their will on smaller nations.

Dr. Einstein emphasized that peace in the world depended on the common people the world over who know the facts as they are and adhere to them regardless of what the great powers tell them. He then proceeded to ask me questions about President Rhee and Premier Kim Il Sung; what sort of mai were they? I had no difficulty briefing him on Dr. Rhee as I had known him long and intimately at times. On premier Kim, I had io beg his indulgence until our next visit for my knowledge about him was severely limited at the time." [p57]

We also learn that it was Premier Chou En Lai of China who was chiefly responsible for deciding to send Chinese volunteer forces to support the DPRK Army. Stalin was against it, fearing the stan of World War III.

Because of the macro-historic importance of his conclusions, the reviewer would like to quote a few of them here in totality for all to read:

Upon occupation of the southern half of Korea, the U.S. played a leading role in creating a separate right wing state in the South over which it still maintains military control and political in fluence. [3]

The U.S. is responsible for keeping the Korean peninsula in a state of "no war. no peace." which keeps the Cold War alive there while almost everywhere else it is disappearing. It saps the resources of northern as well as southern Korea which are vitally needed for tlie social development of both. [5]

I submit that it is incumbent upon the American people to realize, a Her 45 years of the United Slates involvement in Korea, that Koreans are one people, indivisible; never have they taken the road of aggression abroad, the sole exception being South Korea's involvement in Vietnam under the prodding of the Johnson Administration. Koreans are fiercely nationalistic and will, sooner or later, tear down the barrier that has split their country in two. Koreans will regard as friends those nations who support them in the aim of reunifying their country. Clearly the American people must make a choice to stand with the Korean people in their struggle for national sovereignty or to acquiesce to the status quo at the risk of another war.

Let there be peace in Korea, not a fragile truce. Let Korea be free of foreign troops and nuclear arsenal. Let her reduce her arms to the lowest level sufficient for defense. Let her be reunited as one nation in peace and friendship with all nations including the United States. Let there never be another Korean War. [64]

Amen. The reviewer would like to submit the last quoted paragraph as the epitaph for Ambassador Professor Reverend Doctor Channing Liem.

REFERENCES

1. The Origins of the Korean War, Bruce Cumings, Princeton University press, 1981.
2. The Two Koreas, Bruce Cumings, The foreign policy association, May, 1984.
3. Two Koreas One Future? Ed. Sullivan & Foss. University Press of America. 1987.
4. Korea, the Unknown War. J. Halliday & B. Cumings, Pantheon books, 1988.
5. Crisis in Korea, ed. John Gittings, Spokesman, 1977.
6. To Peking and Beyond, Harrison Salisbury, Quadrangle, 1973.
7. Harry Truman's China policy, Lewis Purifoy, New Viewpoints, 1976.
8. The Price of Empire, Senator. J. William Fullbright, Pantheon Books, 1989.
9. Rise to Globalism, Stephen Ambrose, Penguine Books, 1971.
10. The tragedy of American diplomacy, William Williams, Dell publishing, 1972.
11. What Uncle Sam really wants, Noam Choamsky, Odonian, 1986.
12. United States, Gore Vidal, Random House, 1993.
13. A History Of The World in the twentieth century, J.A.S. Grenville, Harvard University Press, 1994.
14. TUMULTUOUS YEARS the presidency of Harry S Truman, 1949-1953. Robert J. Donovan, Norton, 1982.

TUMULTUOUS YEARS
The Presidency of Harry S Truman, 1949-1953
By Robert J. Donovan

Norton, 1982

One of the few authoritative accounts on the division of Korea and the resulting Korean War is this book by Robert J. Donovan, Senior Fellow at the Woodrow Wilson School of Public and International Affairs at Princeton University and Ferris Professor of Journalism at Princeton. In this reviewer's opinion, it should be required reading for anyone concerned with the problem of Korean unification.

In Chapter 8, titled Korea, A Malignancy, Professor Donovan provides us with the historical background on how the Korean problem was initially created by the Super power rivalry. "...Korea was once again, as often throughout its history, degenerating into a pawn of great powers, caught this time in the rivalry between the Soviet Union and the United States...

...From the Soviet viewpoint a friendly Korea or even a divided Korea with the northern half in friendly hands would have provided a buffer against attack from the Korean peninsula on bordering Soviet territory. The United States also wanted a friendly Korea and not one dominate by the Soviets. Pending trusteeship, the State Department favored American participation in the administration of the country...

Hence in pursuit of their respective interests and in order to repatriate Japanese soldiers, the United States and the Soviet Union moved troops into

Korea after Japan's surrender, sowing seeds of trouble. At the suggestion of the United States, the 38th parallel was designated as an arbitrary and supposedly temporary dividing line between Soviet and American forces..."[p89]

On the US military occupation of Korea, we find: "...Unsuspecting, United States troops had stumbled into a population bursting with determination to govern itself. To impatient Koreans the idea of a prolonged, indefinite trusteeship was intolerable. After thirty-five years of Japanese rule the Koreans considered themselves a liberated people and did not expect to be occupied as if theirs were a defeated enemy country...Ill-suited for his role in any case. General Hodge's approach was dictatorial. He infuriated the people of a supposedly friendly country by imposing a curfew to maintain order...As time passed, he favored those on the right. In part, this was due to the fact that from that quarter came necessary technical skills, competence in management, and some command of English. For this same reason, initially, Japanese officials were kept in government posts...Conservative Koreans dominated an advisory council to the occupation authorities, and important posts, including those in the police and the courts, were filled not only
    with conservatives but often with conservatives who had collaborated with the Japanese.

As Korean dissatisfaction grew and signs of left-wing opposition multiplied, the American occupation became increasingly repressive and independent of Washington. Hodge established a reserve organization, or constabulary, to supplement the Korean national civil police, one of whose functions was to watch and restrain left-wing, or 'subversive,' political organizations. The constabulary consisted of twenty-five thousand men, who were given infantry training by American advisers and equipped with captured Japanese weapons.

...The beleaguered Hodge suggested that the United States sponsor the return of Korean Nationalist leaders to Seoul to offset Communist influence and act as 'figureheads' until an election could be held. With MacArthur's support, Rhee arrived in Korea on October 16 and soon engaged in bitter attacks against Soviet policies. Under his leadership a coalition of rightist groups was formed. Spurning the plan for trusteeship, Rhee advocated establishment of an independent government south of the 38th parallel to replace the occupation."(p 90-91)

On the role the United Nations played concerning the Korean division, we find:

"...What was thought to be a constructive new approach was agreed to at a meeting in Moscow of the Soviet, British, and American foreign ministers in December 1945. A joint Soviet-American commission was established to consult with Korean political parties and social organizations and to recommend formation of a provisional democratic government for all of Korea. Once the provisional government began to function, the joint commission was to discuss with it a program looking toward a possible trusteeship of up to five years. Korea would become in due course an independent nation again, and the occupying powers would withdraw.

...When the joint commission met in Korea early in 1946, an ideological split developed between the American and the Soviet members as to which groups of Koreans should be consulted about the proposed provisional government. Underlying the dispute was the fundamental fact that neither the United States nor the Soviet Union would tolerate a unified Korea dominated by the other...Thus the American occupation continued, and Korea became a salient in the Cold War.

...With talks with the Soviets at an impasse, the administration decided to take the case to the United nations...Over Soviet opposition the General Assembly adopted an American resolution calling for the election throughout Korea in the spring of 1948 of a national assembly...With the United States fairly well calling the shots in the United Nations and with American soldiers and Syngman Rhee dominating the scene in South Korea, the whole process moved rather smoothly along the path of American interests.

The new national assembly convened on May 31, 1948. A constitution was drafted. Rhee was elected president of the Republic of Korea and established a rightist regime, which had been taking shape since Rhee arrived in Korea in 1945. The republic was proclaimed by MacArthur in Seoul on August 15, 1948. The United States terminated its military government and recognized the new government. John J. Muccio was appointed President Truman's special representative in Seoul with the rank of ambassador.

Within weeks a Communist government came into existence in the northern half of Korea, the capital of which was Pyongyang. This government's origins dated to a meeting of a 'People's Assembly' in 1947. In February 1948 the assembly announced the formation of a 'People's Army' and two months later adopted a constitution on the Soviet model. Elections to a new assembly were held in August 1948. The assembly ratified the constitution and on September 9 proclaimed the Democratic People's

Republic of Korea. It was headed by a former anti-Japanese guerrilla leader, Kim Il-sung. Thus two hostile governments, one leftist, the other rightist, each determined to achieve control of all of Korea and each supported by a superpower, faced one another across the 38th parallel, now a permanent dividing line." [p93]

It is obvious to anyone reading this book that the Korean War was the inevitable result of the tragic division imposed on the Korean people by the selfish super-powers and their slavish henchmen put into positions of power by them to protect superpower interests. The tragic victims have been three generations of the Korean people with the exception of a handful allied with foreign interests.

REFERENCES

1. Memoirs 1925-1950, George F. Kennan, Little Brown, 1967.
2. Foreign policy making and the American political system, J. A. Nathan & J. K. Oliver, Little Brown, 1983 .
3. Harry Truman's China Policy, Lewis Purifoy, New Viewpoints, 1976.

Harry Truman's China Policy
McCarthyism and the diplomacy of hysteria. 1947-1951
Lewis McCarroll Purifby, New Vievpoints, 1976

As a victim of the Korean War, who had witnessed unimaginable inhuman sufferings inflicted on the Korean people, it lias been a life long preoccupation of the reviewer to find out the hidden historical reasons for its outbreak and lo uncover the main culprits. Against mountains of cold war propaganda and slogans masquerading as historical verities Professor Purifoy's well researched <Harry Truman's China Policy> provides us with a solid historical analysis for the "containment doctrine" of the United States that is ultimately responsible for US military interventions in three Asian civil wars after the second World War.

As the author states in the introduction, "That much of the cold war rhetoric has been false and cynical was noted by General Douglas MacArthur in 1957 when he observed: "Our government has kept us in a perpetual state of fear-kept us in a continuous stampede of patriotic fervor-with the cry of grave national emergency...yet, in retrospect, these disasters seem never to have happened, seem never to have been quite real."

Moral-ideological slogans have been used to cover the aggressive acts of the superpowers or to distract attention from them or to generate heat among the masses on behalf of them... It was the frenzied McCarthyite attacks upon the government for its alleged "Softness on Communism" - and only this - that brought about the reversal of America's policy of disengagement from the Asian continent and frightened policy-makers into a military-ideological crusade against Communist China. This was a crusade that few people dared oppose, despite its blatant hypocrisy and its essentially irrational character. That it was hypocritical is demonstrated in its willingness to support any non-communist government, no matter how reactionary and oppressive...

...It is one of the greatest of paradoxes that the national leaders who offered the most determined resistance to the McCarthy attacks should themselves have become the most determined "McCarthyites" in foreign affairs...They came to speak of Communism abroad as McCarthy spoke of it at home; and the rhetoric of McCarthyism, only slightly refined, became the official government language for speaking of that nebulous menace known as 'the Communists'."

According to Professor Purifoy, "external McCarthyism" is responsible for hurling American power into the Asian quagmires, i.e. The Korean war, the Vietnam war, and the China-Taiwan conflict In chapter eight, entitled "McCarthyism and the Korean Intervention, he explains in detail how President Truman had used the outbreak of the Korean civil war as a domestic shield against the McCarthy charges that the administration was "soft on Communism" and had turned the Korean civil war into an American anti Communist crusade, thus installing "external McCarthyism" as the driving force of US foreign policy. The 'rump' United Nations was used as the instrument of that intervention and provided a convenient moral cover for it "That the United States was determined to intervene, with or without U.N. authorization, is demonstrated by the fact that air, sea, and logistical support for South Korea was ordered by President Truman on June 26 and not called for by Security Council resolution until the afternoon of June 27...The President confirmed the essentially unilateral American character of the intervention when he sent a note to his secretary of the state on July 19 thanking him for his swift action in calling the Security Council into session: "Had you not acted promptly in that direction we would have had to go into Korea alone."[p198]

External McCarthyism thus initiated by Truman has had other tragic historical consequences. "The Truman Administration attempted to edge its way onto the Asian continent surreptitiously, doubtless hoping that, in time, it could edge its way back off again. The actions taken would have to be camouflaged. Just as the true nature of the Korean intervention had been obscured by a U.N. sanction, The Formosa intervention was covered by the theory that it was a neutral act(preventing military action both to and front the island) and that its main object was to provide for tile security of American troops fighting in Korea. The deepening Indochina involvement had its own ready-made cover, being carried on through (he favored device of a proxy - in this case, the French, who would gobble up $4 billion of American money before abandoning their hopeless task to American soldiers."

After an exhaustive historical analysis of the effects of McCanhyism on the Truman Administration and the origins of external McCarthyism that institutionalized harassment of China. Professor Purifoy comes finally to the important conclusion: [As is slated in the flap] "At a cost of $500 billion, more than 100,000 lives, and a fearful rending of the body politic, the "China harassment" policy was doggedly pursued for a twenty-year period before the anti Communist hysteria had subsided to the point where the sheer madness of the policy could at last be revealed and a reversal of course undertaken. The reversal process was begun with the withdrawal of American power Laos, Cambodia, and Vietnam, and the beginning of the normalization of relations with Communist China. The Process is likely to continue, and when the remaining commitments io Korea and Formosa are finally relinquished, the tragic cycle will liave been completed."

It seems Professor Purifoy was overly optimistic about the subsiding of external McCarthyism in US foreign affairs. With a new generation of adherents of "China harassment" policy ascendant in policy-making circles, it may be premature to expect an early demise of external McCarthyism that has been the dominant driving force of US foreign policy in recent times.

REFERENCES

1. Rise to globalism. Stephen Ambrose, Penguine Books, 1971.
2 The Tragedy of American Diplomacy, William Williams, Dell Publishing, 1972.
3. The price of Empire, Senator J. William Fullbright. Pantheon Books, 1989.
4. A History of the World in the twentieth century, J. A. S. Grenville, Harvard University 1994.
5. Tumultuous Years, The presidency of Harry S. Truman, 1949-1953. Robert J. Donovan, Norton. 1982.

Without Parallel,
The American-Korean Relationship Since 1945
Frank Baldwin, Editor

Pantheon Books, 1973

For a most unbiased reports of the recent Korean history after WWII, read this book by Professor Frank Baldwin, who had taught Korean History and Politics at Columbia University, with the contributions of seven other world authorities on Korean Studies. They have compiled most important and relevant information and the historical data on the division of Korea and the historically unprecedented tragic histories inflicted on three generations of the Korean people by a handful of US politicians and the military in the Truman administration.

The Korean War, which resulted in 4.5 million casualties, most of whom were innocent Korean civilians, has always been presented as a U.S. success story, but the authors in this volume reveal a very different reality:

[p3] "America's three-decade intervention in Korea has shattered an ancient East Asian society. Millions were killed and wounded millions more became refugees separated from their families and birthplaces. -Twenty-one years after the Korean War, the Korean people and peninsula are still divided into two hostile regimes, -a US expeditionary force remains in South Korea to "ensure stability in Northeast Asia," a hostage to strategies and ambitions of the Cold War past."

[p8] "The United States intervened in a local Korean revolutionary

situation. American power collided not with the Red Army but with the Korean Revolution, Korean demands for social justice and rapid political change. - The Koreans had formed a government before the Americans landed in September 1945 and were impatient to rule themselves without foreign interference. - It is crucial to an understanding [of] the Korean Civil War, to note that the revolutionary situation was indigenous to Korea. It followed from the hardships and injustices of thirty-five years of Japanese rule, the Lefts claim to power was earned in the residence to Japan. - Nationalistic and revolutionary elements rejected American interreference; they preferred a United Korea under a leftist government to a divided peninsula under alien authority."

[p10] "The American command threw its support to a privileged conservative elite *against the desperate peasantry. The U.S. military government financed and armed rightist forces, encouraged the police to eradicate dissent, and used U.S. Army units to suppress protests. By 1948 the left had been destroyed, gone underground, or even driven north, and the way was clear to establish a separate anti-communist government in the South. - The U.S. Army's initial treatment of Koreans as defeated enemies.—The Core of U.S. policy in Korea: a political decision to use American power to maintain an American presence on the Asian continent."

*almost ail of them had been collaborators of Japan in the Japanese Army and police.

[p180] "The Secret Taft-Katsura Agreement of July 29, 1905 represented a grant of prior American approval for Japan's establishment of a protectorate over Korea. - Korea's reduction to protectorate status in 1905 immediately brought a national resistance movement that forced the Japanese to conduct

a colonial pacification campaign. By 1910, the year Japan formally annexed Korea to its empire the official casualty count was 17,779 Koreans killed and 3,706 wounded. - The Korean nationalist movement continued to grow underground within Korea and as an armed diaspora in Siberia, Manchuria and China proper. It trumped ultimately, of course, with Japan's defeat in August 1945.—Under the U.S. Army Military Government in Korea, the Koreans experienced famine, high unemployment and constant political terror from Rhee's thugs and American MPs. In order to create a client government, the USAMGIK passed ordinances restricting the political liberties of all but pro-American, right-wing Koreans and filled the jails with Rhee's opponents. At the same time that it waged internal warfare against the Korean population, Washington began to turn the South into an advanced base for the containment of the Soviet Union."

The readers of this book will understand at the least the reasons why more than three generations of Koreans have had to suffer so long until today.

If the reader wants to investigate about the Korean War and the background history in more detail, he will do no better than consult: The Origin of the Korean War, Princeton University Press, 1981 by Professor Bruce Cumings of University of Chicago.

From State to Community: Rethinking S. Korean Modernization

Seung-Joon Ahn, Aigis Publications, Littleton, Colorado, 1994]

As a healthy antidote to all the glowing accounts of South Korea's economic miracle, anyone seriously interested in the welfare of Korea and the Koreans should read this book by Seung Joon Ahn, a young Korean-American scholar who died recently. This book, edited and published posthumously by his friends at Harvard University and the Institute for Social Ecology, is a valuable scholarly legacy to the Korean people.

Ahn's book is a critical examination of the industrial modernization process in South Korea as a Third-World country and the cultural discontinuity Korea has suffered in the process. After presenting in Chapter II a historical analysis of South Korean modernization that has been imposed upon her first by Japan and later by the United States, he shows, with an impressive amount of documentation, how their plans for industrializing of Korea have benefitted them at the expense of the majority of Korean population and have undermined the basis for much of Korean culture. Instead of being a more or less self-sufficient society in the past, South Korea today is heavily dependent on American and Japanese goods and resources, foreign markets, and more seriously on Western political structure and Western cultural identity. In Ahn's own words, "In today's South Korea, we can still observe various oppressive institutions, practices, and values which bad served as the main instruments of domination and exploitation during colonial rule: the state and the capital together have maintained and consolidated them. Behind the apparent economic success, there are many structural problems, such as the heavy dependence on US and Japanese demand, the debt crisis, insolvent enterprises, centralized wealth, abandoned agriculture, and the ecological crisis. Although the income distribution has been relatively equitable, the rate at which the gap between social groups has been growing since independence is quite alarming. Communal land has been disappearing, as communal rights have given away to private property through the nationalization of land, and agricultural communities have been systematically destroyed to pay for modernization in the state-planned economy. The modernization of south Korea can be viewed as "successful" only within the Western framework." [p3]

The most permanent deleterious outcome of the haphazard modernization of South Korea is the health crisis of the entire Korean population resulting from the unmitigated ecological disaster that has accompanied it. In Ahn's own words, "Omnipresent industrial pollution. Acid rain drenches the industrial cities of south Korea, the acidity sometimes reaching that of vinegar. Every day south Koreans breathe poisonous air, with the average density of total suspended particulates as high as four times that of the World Health Organization standard, and sulfur dioxide level three times that of the WHO standard. Pollution in the rural areas is serious as well. In 1986, the average Biochemical Oxygen Demand reached five times higher than the WHO standard in the Mangyung River in the southwestern region. In the same year, 1,391 farmers were killed by exposure to various pesticides and herbicides. The ecological crisis that these figures represent is inseparable from the agricultural crisis and state intervention in the local economy - both products of Western-oriented industrialization. Thus, no ecological problems will be solved unless the ideology and the strategy of modernization are fundamentally changed?' [p2]

In the final Chapter, Ahn states his vision of an alternative Korean society that is autonomous, ecologically sound and genuinely democratic. It is based on counterhegemonic communities of DURE, a traditional Korean organization that had flourished in the past. It may easily be dismissed as being too anachronistically utopian, but it may also be understood as an outcry of the post-modern man facing an overwhelming ecological disaster that he has to live in. In any case, in this reviewer's opinion, Ahn's most valuable contribution lies in the documentation and warning on the grave ecological disaster in South Korea.

REFERENCES

1. Atlas of The Environment, G. Lean & D. Hinrichsen, Harper Perennial, 1994.
2. Beyond the limits to growth - a report to the club of Rome -, E. Pestel, Universe Books, 1989.
3. Doctrine of Ecological Co-prosperity (in Chinese), Moon Uk Kim, New Star Publishing, Beijing, China, 1988.

KOREA ON MY MIND

<The Geo-Bug Tribe>

One of the few genuinely important scholarly works on the Korean language and culture published in the latter half of the twentieth century is Explorations in Korean Syntax and Semantics, IEAS, University of California, 1998 by the late Dr. Seok Choong Song, Professor of Linguistics at Michigan State University.

When a military dictator-president of Korea and his 'cultural' henchmen came up with a ridiculous Romanization scheme of the Korean language, Professor Song was so incensed that he published a book of essays called, The Myth of the Geo-Bug Tribe. "Geo-Bug" being an example of their attempt to Romanize 'gher book' in Korean meaning turtle.

Well, the Geo-Bugs turn out to be no myth at all. In fact, they began to appear in the Korean peninsula after 1945 and have multiplied many-fold since then. They have now succeeded in infesting the entire southern part of the peninsula, the northern part being a terra incognita.

The Geo-bugs are mostly found among the so-called intellectual leaders, but they are really all over in all walks of life. The following are the main distinct characteristics of the tribe:

1. The Geo-Bugs wear a Roman nameplate, though they are Korean natives.
2. The Geo-bugs consider things Korean backward or, in any case, not modem. So, they can't help but replace things Korean with western

trash all in the name of Modernization.

3. The Geo-Bugs are mainly in the business of breeding more Geo-Bugs.

Finally, good news: It was reported last week that the international police had solved the puzzle of the Geo-bug tribe in Korea - the Geo-Bugs are in reality Korean bodies snatched up by Western ghosts.

KOREA ON MY MIND

<Jishin Balp-gi>

The Korean new year tradition Jishin Balp-gi' is a folk festival celebrating the beginning of the Lunar Year. It means literally 'Stepping on the Spirit of the Earth' and thus cleansing of the village of bad ghosts and evil spirits to welcome the new year.

Quoting BINARY, "Its origins are rooted in the collective village activity, among many others, symbolizing the ritual cleansing of the village and chasing away of bad spirits. At the same time, the festival ushers in peace and blessings for the new year, while the duration of the event itself is a period of renewing personal ties and fostering a greater sense of community among the villagers.

During the Jishin Balp-gi festival, a group of 'Poongmul' Korean drum players called the 'Durepae' first travels around the village playing on the Jang-go, Buk, Kwenggari and Jing. This is followed by individual visits to private dwellings to wish its residents peace and good fortunes in the new year through drumming, dancing and chanting which everyone joins. In return, the hosts offer rice cakes and wine to the group and make a general donation that is used for the betterment of the entire village. In the evening, all the people gather at the Madang, or the center of the village, to revel under the first full moon of the lunar new year with food, dance and games."

Recently, there has been a lot of bad news about Korea reported in the international newspapers: Corruption in the highest ruling circles in South

Korea. The Mr. Hwang Jang-Yup affair in Beijing, which brings out in the open the continuing ugly internecine fratricide between the North and the South. Etc...

It is imperative that in the very near future the entire Korean people must do a real, not ritual, Jishin Balp-gi. It is now well overdue.

THE CONFUCIAN TRANSFORMATION OF KOREA

Martina Deuchler

Harvard Yenching Institute Monograph Series 36 (1992)

Unlike most books on Korea that have appeared after the second World War, this is one of the few research monographs on the structure of the Korean society by a scholar, Korean or Western, who has no axes to grind. As such, we welcome it wholeheartedly as a bona fide example of Korean studies in the West.

Based on the simple observation that the societal legislation during the first century after the founding of the Chosun dynasty was unusually high, die author initiates an investigation into the comparative study of Koryo and Chosun societal structures and focuses on the process of change during the transition period from late Koryo to middle Chosun A detailed study of how Neo-Confucianism, which was the state ideology of Chosun, came to be the driving force of this transformation, and organized the social structure on the basis of a patrilineal principle with all the resulting consequences follows. Ancestor worship and funerary rites, the marriage institution, succession and inheritance, and the formation of descent groups are used by the author as main vehicles to highlight this process of change.

During the Koryo dynasty, as every high school student in Korea learns, Buddhism and Confucianism coexisted peacefully, fulfilling complementary functions: Buddhism served the people's spiritual needs, while Confucianism provided the state with the fundamentals of statesmanship. The introduction of Neo Confucianism in the late 13th

Century did not affect this complementary coexistence. However, after the founding of the Chosun dynasty, Buddhism was attacked as the main cause of social disintegration by the Neo Confucians who wanted to rebuild the society after Chu Hsi's Neo Confucian model: A rigid system of descent lines perpetuated by primogeniture. Just as the Song Confucians blamed Buddhism for the decline of Tang dynasty, the Neo Confucians of Chosun blamed it for the decline of the Koryo dynasty.

It is of particular interest that Ghung To-Jon, the prominent scholar and the counselor to King Taejo, promoted the historical connection between Kija's Chosun and Chosun of the Yi dynasty. He wanted Chosun to be the revival of Kija's Chosun, citing Kija's Chosun as a perfect example of the ideal past. Thus, the Neo-Confucians of Chosun determined Yao, Shun, and Chou, the three Dynasties of ancient China to be the blueprints for the reorganization of Chosun society and accepted the authority of the institutions of antiquity as the guide, i.e. Confucianism became the state ideology of Chosen. And they had completely succeeded in transforming Korea into a Confucian society of Chu Hsi's model.

In contrast to the failure of Wang An shih's reforms of eleventh century China, the Confucian transformation of Korean society in early Chosun is a singular example of social engineering par excellence in the whole history of mankind. Ever since, for almost six hundred years the Korean society had remained more or less the same, stable and organized as the Neo Confucians had intended, until the end of World War II, when it had bifurcated into two drastically different societies: In the North, Juche ideology took hold, whereas in the South, westernization influence took hold. It might be an interesting topic to study how these new ideologies have changed the Confucian infrastructure of the two Koreas.

Having had a long experience of living and observing in several western societies, this reviewer must conclude that Confucian societies can be favorably compared with any form of society in the world in terms of the social harmony among citizens, low crime rates and old age problems. The high-minded Confucian model, with its well-known defects modified, may present a better alternative for some countries to the individualism being promoted by western capitalism. In any case, anyone interested in learning the Korean form of Confiician social structure will be richly rewarded by reading this book.

REFERENCES

1. A New History of Korea, Ki-baek Lee, Ilchokak Publishers, Seoul, Korea, 1984.
2. A History of Korea, Takashi Hatada, ABC-Clio Inc, 1969.
3. Korea: The Search for Sovereignty, Geoff Simons, St. Martin's Press, 1995.
4. Korea: A Political History in Modem Times, Harold Hak-won Sunoo, Korean-American Cultural Foundation & KunKuk University Press, Seoul, Korea.

LETTER TO THE EDITOR

RE: *The Country America Cannot See,*
New York Times, Sunday, July 27

Yi's article makes it clear that the Korean war, which had cost over 3.5 million victims, has been the worst disaster in the two-thousand-year history of the Korean people. There are now over 10 million people whose families have been involuntarily separated for half a century.

What Yi does not make clear are the objective historical facts that no one can deny: Korea had been forcefully annexed by Japan between World War I and World War II. The U.S. was the main culprit for the division of Korea after World War II. (Following the U.S. policy to entice the Soviets to enter the war in the East [Yalta Conference], Dean Rusk had come up with the 38th Parallel over a lunch.) Instead of liberation, Korea, Japan's victim, was treated as an occupied territory by Soviets in the North and U.S. in the South. What was infinitely worse, U.S. had maintained the Japanese police and military infrastructures in South Korea, i.e. Power was given mostly to Korean traitors and military officers who had collaborated with Japanese occupiers and Japanese Imperial Armed Forces. And they promptly murdered almost all Korean fighters for independence who could have identified them and bome witness to their crimes.

The U.S. policy vis-a-vis Korea then was a stupendous injustice equivalent to dividing up Norway between the Soviet Union and the U.S. after the war, and U.S. giving power to Quislings in S. Norway. The ensuing civil war in Korea was an inevitable result.

At the present moment, all Koreans, regardless of political views, are extremely worried that U.S. will in the pursuit of a military solution fight to the last Korean in the Korean peninsula to further geo-political ambitions of the Superpower.

REFERENCES

1. The hidden history of the Korean War, 1950-1953. I. F. Stone, M.R. Press.
2. How the world works. Noam Chomsky, Soft Skull Press, 2013.
3. The Washington Post. September 16, 2000. James Hohmann Oplan 5015. Use of 80 nuclear weapons plan for decapitation strikes on North Korea.

김문욱 철학논집

金文郁 哲學論集

초판 발행 2023년 11월 27일

지은이 김문욱(金文郁)
펴낸이 방성열
펴낸곳 다산글방

출판등록 제313-2003-00328호
주소 서울특별시 마포구 동교로 36
전화 02-338-3630
팩스 02-338-3690
이메일 dasanpublish@daum.net
　　　 iebookblog@naver.com
홈페이지 www.iebook.co.kr

ⓒ 김문욱, 2023, Printed in Korea

ISBN 979-11-6078-294-3 03100